ALTIN KİTAPLAR
YAYINEVİ

KİTABIN ORİJİNAL ADI PAST MASTERS
SPINOZA

BASKI 1. BASIM / AĞUSTOS 2002
AKDENİZ YAYINCILIK A.Ş.
Matbaacılar Sitesi No: 83
Bağcılar - İSTANBUL

ISBN 975 - 21 - 0292 - 1

ALTIN KİTAPLAR YAYINEVİ
Celâl Ferdi Gökçay Sok. Nebioğlu İşhanı
Cağaloğlu - İstanbul
Tel: (0212) 513 63 65 - 526 80 12
520 62 46 - 513 65 18
Faks: (0212) 526 80 11
www.altinkitaplar.com
info @altinkitaplar.com.tr

ROGER SCRUTON

Düşüncenin Ustaları

SPINOZA

TÜRKÇESİ
CEMAL ATİLA

Sokrates
C. C. W. Taylor

Platon
R. M. Hare

Aristoteles
Jonathan Barnes

Machiavelli
Quentin Skinner

Erasmus

Descartes
Tom Sorell

Spinoza
Roger Scruton

Leibniz
G. MacDonald Ross

Hume
A. J. Ayer

Önsöz

Spinoza'nın büyüklüğü ve özgünlüğü, ulaşılmaz, aldırışsız ve kimi zaman içinden çıkılmaz olan bir tarzın ardında saklıdır. Onun görüşlerini kendi bütünlükleri içinde anlayanların sayısı oldukça az; bu görüşlerin devam etmekte olan ahlaki çarpıcılığını fark edenlerin sayısı ise çok daha azdır. Benim burada yapmaya çalıştığım şey, olsa olsa bu görüşlerin bir özetini sunmaktan ibarettir ve yalnızca Spinoza'ya değil, ama aynı zamanda Spinoza'yı anlamak gibi ağır bir yükün altına giren sabırlı araştırmacılara yapılan haksızlığı üzülerek fark etmekteyim. Bu çalışmadaki başlıca amacım, karmaşık bir düşünce sisteminin dış hatlarını yalın bir dille tanımlamaktır. Buna rağmen, Spinoza'nın madde teorisini tamamen ulaşılabilir hale getiremedim ki bu yüzden kitaptaki 3. Bölüm'ün anlaşılabilmesi için iki kez okunması gerekmektedir.

Engin bilgisi sayesinde beni çeşitli yorum hatalarına düşmekten kurtaran David Murray başta olmak üzere, pek çok uzmanın ve dostun yardımını aldım. Spinoza'nın en anlaşılmaz kavramlarını, modern okur açısından anlaşılabilir ve ilgi çekici terimlere dönüştürürken, Joanna North'un henüz yayımlanmamış çalışmasından yararlandım. Sadece, bana çalışmasını okuma ve tartışma şansı verdiği için değil, ama aynı zamanda, benim çalışmama getirdiği ayrıntılı eleştirilerden ötürü Joanna North'a minnettarım. North elinizdeki kitabın başarısızlıklarına değil, eğer varsa, değerine ciddi ölçüde ortaktır.

Londra, Eylül 1985

İçindekiler

Önsöz 5
Kısaltmalar 8
1. Yaşamı ve Kişiliği 9
2. Geçmişi 28
3. Tanrı 44
4. İnsan 63
5. Özgürlük 83
6. Siyasal Oluşum 104
7. Spinoza'nın Mirası 121
Ek Sözlük 131
Ek Okuma 135
Dizin 139

Kısaltmalar

Spinoza'nın temel eserlerinden söz ederken aşağıdaki kısaltmaları kullandım:

C	Yazışmalar
E	*Ethika*
I	*Aklın Islahı Üzerine İncelemeler (Tractatus de Intellectu Emendatione)*
M	*Metafizik Çalışmalar (Kartezyen Felsefenin İlkeleri'ne Ek)*
P	*Politik İncelemeler (Tractatus Politicus)*
S	*Tanrı, İnsan ve İnsanın Refahı Üzerine Kısa Bir İnceleme*
T	*Teolojik-Politik İncelemeler (Tractatus Theologico-Politicus)*

Gerekli yerlerde kendi çevirilerimi kullandım; diğer yerlerde ise, kitabın sonundaki Ek Okuma bölümünde belirtilen yayımlara başvurdum. Standart çeviriler arasındaki farklılıklara okurun dikkatini çekmek amacıyla, kitabın sonuna, Spinoza'nın temel kavramlarından oluşan ek bir sözlük konulmuştur.

1. Yaşamı ve Kişiliği

Benedict (Baruch) de Spinoza (1632-77), bilimsel buluşların, dinsel bölünmelerin ve çarpıcı siyasal değişikliklerin, felsefenin doğasında ve uygulanışında köklü değişimler yarattığı bir dönemde Hollanda'da yaşadı. Döneminin entelektüel savaşlarına canla başla katılan Spinoza için felsefe bir silah değil, bir yaşam tarzı, mensupları üstün ve kesin bir huzur mertebesine çıkartılan kutsal bir düzendi. Ancak her düzen bazı fedakârlıkları gerektirir ve -kişinin gerçeği kendisi için bir kılavuz ve amaç olarak benimsemesi anlamına gelen- felsefenin gerektirdiği fedakârlık ne kolay kolay ortaya konulabilir, ne de felsefeyi reddedenlerin bir çırpıda anlayabileceği bir şeydir. Bu yüzden, herhangi bir filozof insanların büyük çoğunluğuna, ruhani bir sabotajcı, yasalarla tanımlanmış şeylerin yıkıcısı ve şeytanın avukatıymış gibi görünebilir. Spinoza da kendi çağdaşları tarafından böyle algılanmış ve ölümünden uzunca bir süre sonra bile, on yedinci yüzyılın en büyük din düşmanlarından biri olarak değerlendirilmiştir.

Spinoza'nın ataları, on altıncı yüzyılda İspanya ve Portekiz sınırlarına yerleşen ve orada giderek gelişen ticaretlerini sürdüren İspanyol Yahudileriydi. Böylesi insanlar, Müslüman prensler tarafından korunan İspanyol yarımadasında yüzyıllar boyunca nispeten güvenli bir şekilde yaşamışlar ve Müslüman komşularıyla rahatça kaynaşmışlardı. Teologları ve bilginleri Aristotelesçi felsefenin büyük dirilişine iştirak etmişler ve onlardan biri -Moses ben Maimon (Maimonides, 1135-1204)- sadece Yahudilik üzerinde değil, aynı zamanda İslam ve Hıristiyanlık üzerinde de büyük bir etki bırakmıştı. Gerçekten de, ortaçağ teolojisine Aristotelesçi doğrultuyu kazandırmak üzere en çok çaba harcayan kişi Maimonides'ten başkası değildi; bu doğrultu sonuçta, pek çok kişi tarafından Spinoza'nın ateizmi olarak kınanan ilginç ve yalın bir teizme varmıştı.

Granada krallığı Ferdinand ve Isabella tarafından fethedildiğinde ve Araplar nihayet yarımadadan çıkarıldıklarında, bir intikam dönemi başlamıştı. İsa'nın düşmanları şimdi, o güne kadar farkında olmadıkları suçlardan dolayı ağır biçimde cezalandırılıyorlardı. Yahudiler kendilerini Engizisyon'dan kurtarmak için ya din değiştirmek ya da göç etmek zorunda kalmışlardı. Din değiştiren -ve kaba bir tabirle *marranos* olarak bilinen- Yahudilerin önemli bir kısmı kendi dayatması altında gerçekleşen bir din değişikliğinin içtenliğine asla inanmayan engizisyonun dikkatli bakışları altında zorlu bir yaşam sürdürmüşlerdi. (Kimi yerlerde *marrano* teriminin Korintoslulara 1. Mektup 16:22'de geçen muğlak bir cümleden kaynaklandığı savunulmuştur; "Tanrı'yı sevmeyen kişi, *anathema maranatha* olsun." Bu terim aynı zamanda, "fundalık arazi" anlamına gelen *morisco* sözcüğünün bozulmuş hali de olabilir. Ne var ki terimin günlük İspanyolca'daki anlamı "domuz"dur.)

Ruhani bir zorbalık ile laik bir küstahlığı hoşgörüsüz bir şekilde birleştiren İspanyol monarşisi nihayet, kendi düşüşüne yol açan isyanı tahrik etmişti. Hollanda'daki bir avuç kulun umutsuz ayaklanmasından, yeni bir birlik, üstelik bir zamanların İspanyası'ndaki Arap prenslikleri kadar özgür ve hoşgörülü olacağına söz veren bir cumhuriyet doğdu. İspanyol hükümdarlarına karşı birleşen kuzeydeki yedi vilayetin Orangelı büyük I. William'ı (Sessiz William) korumaya çalıştıkları 1579 yılında kurulan Utrecht Birliği'nin sergilediği hoşgörü düzeyinin cazibesine kapılan küçük bir *marranos* kafilesi 1593 yılı baharında gizlice Portekiz'den denize açılmıştı. Doğu Friesland'ın Alman Yahudileri, Emden'e uğrayan *marranoslar*'a Amsterdam'a gitmelerini tavsiye etmiş ve bu kente gelen *marranoslar,* engizisyonun tüm ustaca yöntemlerine rağmen yok edemediği atadan kalma dini inançlarını hemen benimsemişlerdi.

Hollanda'daki ayaklanmanın pek çok sonucu olmuştu, ancak bu sonuçların en önemlileri, Reform'un kaydettiği ilerleme ile Reform kiliselerine var olma hakkı tanıyacak ve bu kiliselerin cemaatlerinin kurulup gelişmelerine izin verecek bir ibadet özgürlüğünü sağlama arzusu olmuştu. İspanya ile savaş 1648 yılındaki Münster Barışı'na kadar aralıklarla sürmüş, bu yeni ve ilginç cumhuriyet bu dönemde sınırlarını tanımlayarak bu sınırlar içinde gelişmeye başlamıştı. Tarihte Hollanda Cumhuriyeti olarak bilinen bu cumhuriyet gerçekte, sorumluluğu hiçbir zaman açık ve yasal bir şekilde tanımlanmayan bir "Genel Meclis" tarafından temsil edilen kapalı ortaçağ şehirlerinden oluşan bir birlikten ibaretti. Resmi bakımdan daha üst konumda olan, ama yine de Genel Meclis tarafından atanan bir de genel vali vardı. Kısmen minnettarlıktan dolayı, kısmen de süreklilik ve uyum hatırına, bu görev daha sonra Orange Meclisi'ne verilmişti. Güney Vilayetleri ise İspanyol tahtına bağlı kalmış ve Roma Katolik dinine inanmaya devam etmişlerdi; bu yüzden, William suikastini takip eden yıllar boyunca onun torunlarının Genel Valilik'in gücünü başarılı bir şekilde kullandığı dönemde, Kuzey Vilayetlerine yönelik İspanyol tehdidi halk tarafından dinden kaynaklanan bir tehdit olarak algılanmıştı. Katoliklik düşman olmuş ve William tarafından ne tür bir dini hoşgörü adımı atılırsa atılsın, bu hoşgörünün, kendilerini İspanya'daki *marranoslar* ile benzer bir konumda bulan Katolikler'e gösterilmeyeceği kısa süre içinde anlaşılıyordu.

Buna ek olarak, Kuzey'de en üstün dini otorite olmak üzere çeşitli manevralara girişen Kalvinist Kilise de kendince bir ruhani tehlike anlayışı sergiliyordu. Alın yazısı doktrini hızla bir Ortodoksluk'a dönüşmüş ve -üzerinde sosyal ya da siyasal bir sistemin inşa edildiği her inanç gibi- bu doktrinin de, inanmayanların saldırılarından korunması gerekmişti. Leiden'de teoloji öğretmeni olan Arminius'un taraftarları, Kalvinist doktrinin, akıl karşısında adeta buharlaşan önermelerini reddettikten sonra, 1610 yılında bir "İtiraz" yayımlayarak muhalif görüşlerini dile getirmişler ve Genel Meclis'ten, Utrecht'te güvence altına alınan düşünce ve ibadet özgürlüğünün korunmasını talep etmişlerdi. Genel Vali olan Orangelı Prens Maurice İtirazcılar'a savaş açmış ve dini özgürlükten yana tutum alanlar kurulu düzenin darbelerini hissetmeye başlamışlardı. Bunu takip eden çatışmanın sonucunda, Hollanda'nın o dönemdeki en büyük düşünürü -hukukçu Hugo Grotius- Maurice'in önerisiyle ömür boyu hapis cezasına mahkûm edilmiş, ancak daha sonra kaçarak sürgüne gitmişti. 1619 yılında ise Dort'daki Kilise Meclisi, Hollanda Kilisesi'ni "oylarla seçilmiş bir topluluk" olarak tanımladıktan sonra, Ortodoks Kalvinizmi Cumhuriyet'in resmi dini olarak ilan etmiş ve yetkilerini, üniversiteler ile diğer etkin kurumların kapatılması doğrultusunda kullanmaya başlamıştı.

Ne var ki, yeni Kilise, kendisini rahatsız eden düşünceleri bastırmakta başarılı olamamıştı. Kısmen -Genel Meclis ile Genel Vali'nin tanımlanmamış iktidarlarının tek-yönlü bir zorbalığa dönüşemediği- Cumhuriyet'in kapalı yapısından dolayı, kısmen de tamamen laik olacak bir hükümet idealine sahip olduğunu ilan eden Utrecht'in mirasından dolayı, hoşgörü ruhu yaşamaya devam etmiş ve kendi farklı yaşam tarzlarını sürdürmekten hoşnut olan İtirazcılar'ın görece huzur içinde yaşamalarına izin verilmişti. İtirazcılar'ın etrafında, Kalvinist ruhun, bir o kadar çarpıcı ve bizim için daha ilgi çekici olan yeni bir muhalefeti de filizlenmişti; bu muhalefet, insanın nesneler dünyasıyla ve kendi fiziksel yaşamıyla kurduğu ilişkinin derin ruhsal sorgulamaların konusu olduğu Hollanda sanatı ve kültürüydü.

İşte *marranoslar* olağanüstü ölçüde yeni olan böyle bir düzenin içine gelmişler ve İspanyol acımasızlığının kurbanları olan dostlar olarak başlangıçta sıcak bir şekilde karşılanmışlardı. 1598 yılında sinagog yapma izni verilmiş ve Genel Meclis 1615 yılında Yahudilerin kabulünü ve yönetimlerini onaylayan bir yasa çıkarmıştı. Yahudi cemaati bu dönemden sonra gelişmeye başlamış ve Ortodoks din için, Hıristiyan olduklarını iddia eden, ama buna rağmen kurtuluş için seçilmediklerini kendileri de itiraf eden (ki bunun doğruluğu iki tarafça da kabul edilmişti) muhalif tarikatlardan daha az tehditkâr bir toplum olarak değerlendirilmişti.

Sürgün toplumların da sık sık rastlanıldığı üzere, Amsterdam Yahudileri kendi kimliklerini kıskanıyorlar ve onca ağır baskılar altında inançlarından vazgeçmeleri beklenenlere son derece ihtiyatlı yaklaşıyorlardı. Yeni gelen Yahudilerin, kendi Ortodoksluklarını coşkun bir şekilde kanıtlamaları bekleniyordu. *Marranoslar*'ın kendilerine zorla dayatılmış olan Hıristiyanlık'tan kaynaklanan alışkanlıkları terk etmesi yeterli değildi. Buna ek olarak, Musa'nın düzeninin ve Yahudi göreneklerinin, İspanya'daki Musevi geleneklerine derin bir şüpheyle yaklaşan Amsterdam'daki Aşkenazi hahamları tarafından *marranoslar*'a yeniden öğretilmesi gerekiyordu. Böylece hahamların din düşmanlığından duyduğu korku, Kalvinist Kilise'nin, kendi daha zayıf doktrinlerini sorgulayanlardan duyduğu korkuyu yansıtma noktasına gelmişti; zira, Kalvinist Kilise, Katolik Kilise alışkanlıkları, yeni gelenlerin tavırları ve zaman zaman patlak veren inançsızlık skandallarından dolayı iyice zor durumda kalmıştı. Yahudi cemaati, ilkelerinden ziyade ruhsal bozukluğundan dolayı resmi sinagog öğretisine karşı başkaldıran, iki kez aforoz edilen ancak onur kırıcı bir cezadan sonra yine iki kez affedilen ve en sonunda da, daha yüksek şeylere layık olan bir varlığı böylesine kararsız hale getiren bir dünyaya duyduğu tiksinti nedeniyle kendini vuran Uriel da Costa adlı birinin maskaralıklarıyla iyice sarsılmıştı. Bu sıkandalın anıları dinsel paniğe katkıda bulunmuş ve bu panik sonucunda cemaat, kendi içinden çıkan en büyük dâhiyi, cemaatin himayesine layık olmadığı gerekçesiyle dışlamıştı.

Spinoza'nın babası Michael, Yahudi kolonisinin tam olarak kurulup tanınmasından önce, muhtemelen çocuk yaşta Amsterdam'a gelmişti. İyi ilişkilere sahip başarılı bir tüccar olarak kısa süre içinde etkin bir konuma yükselerek, sinagogun ve Amsterdam Yahudi okulunun müdürü olmuştu. Ne var ki Michael'ın yaşamı ailevi acılarla gölgelenmişti; üç eşini gömmüş ve altı çocuğundan yalnızca iki tanesi -Baruch ve üvey kızkardeşi Rebekah-hayatta kalmıştı.

24 Kasım 1632 yılında doğan Baruch de Spinoza, çocuk yaşta Yahudi okuluna ve sinagoga giderek, İbranice ve Yahudi ile Arap teologlarının çalışmaları üzerine eğitim görmüştü. İlk öğretmenleri arasında, Amsterdam'ın Ortodoks başhahamı olan Haham Saul Morteira ile geniş bilgisi ve laik ilgileri olan, Vossius ve Grotius'un yanı sıra, Yahudilerin yeniden kabul edilmelerinde önemli bir rol oynayan Rembrandt'la da dost olan liberal Haham Manasseh ben İsrael gibi kişiler vardı (Manasseh, hem tiranlara hem de Yahudilere olan derin nefretine rağmen, Yahudilerin neden, yalnızca tiranlar paraya ihtiyaç duydukları zaman Hıristiyan çocuklarını öldürdüğünü bir türlü anlamayan Puritan Prynne'ın polemiklerine hedef olmuştu). Spinoza'nın Hollanda'nın laik ve araştırmacı kültürüyle böylesine güçlü bir şekilde özdeşleşmesinin Manasseh'ten kaynaklandığına şüphe yoktu.

Babası Spinoza'nın haham olabilmesini ümit ediyordu ve bu yüzden Ortodokslukla uyumlu olabildiği ölçüde, Spinoza'ya mümkün olduğu kadar çok eğitim imkânı sağlamıştı. Spinoza yirmi yaşına geldiğinde, gelecekte *Ethika* adlı eserindeki terminolojinin önemli bir kısmını sağlayacak olan skolastik felsefe ile tanışmasını sağlayan öğretmen Frances Van den Enden'den ders almaya başlamıştı. Van den Enden, Spinoza'ya modern bilim heyacanını aşıladığı gibi, şüphesiz ona Descartes'ın yeni felsefesinden de söz etmişti. Spinoza'nın laik ve Hıristiyan düşünme biçimleriyle kurduğu bu ilişki, onun hahamlardan öğrendiği İncil yorumlarından duyduğu hoşnutsuzluğu daha da arttırmıştı; buna karşılık hahamlar, Spinoza'nın doğa bilimlerine gösterdiği ilgiden ve gerek din düşmanlığının, gerekse de kutsal şeylere hakaretin alımlı bir şekilde ifade edilmesine olanak tanıyan Latince gibi kötü bir dil üzerindeki çalışmalarından dolayı ona kaşlarını çatmışlardı.

Spinoza'nın giderek büyüyen zihinsel bağımsızlığı, onun Hollanda'nın Ortodoks olmayan Hıristiyanlarına, özellikle de (İtirazcılar'ın rahip-karşıtı bir tarikatı olan) Collegiyanlar ile yüzyıl önce kurulan, ancak asıl ifadesini İtirazcı harekette bulan Mennonitler'e yakınlık duymasına yol açmıştı. Onların sade yaşam tarzları ve hoşgörülü uygulamaları, Spinoza'nın eserlerinde savunacağı ahlaki modeli sağlamıştı. Ancak Spinoza'nın bu tarikatlarla kurduğu ilişkiler sinagogun nezdinde onun için iyi olmamış ve üvey kızkardeşi Rebekah, Spinoza'nın 1654 yılında ölen babasından kendisine kalan mirası almasını engellemeye çalıştığında işler daha da karışmıştı. Söylendiğine göre, kızkardeşini mahkemeye veren Spinoza şikâyetçi olmuş ama daha sonra, değerlerini artık paylaşmadığı bir cemaate olan sadakati ile birlikte şikâyetinden de vazgeçmişti. Bunun ardından Spinoza kendisine Benedict ismini koymuş, birlikte yaşamak üzere Van den Enden'in yanına gitmiş, onun okulunda öğretmenlik yapmaya başlamış ve artık dost olduğu laik ve Hıristiyan düşünürlerin entelektüel kaygılarına gün geçtikçe daha fazla gömülmüştü.

Van den Enden'in okulu daha o zamanlar bile bir özgür araştırma merkezi olarak nam salmış ve 1656 yılına gelindiğinde, Spinoza'nın yaşamı Yahudi cemaati için dayanılması mümkün olmayan oldukça büyük bir skandal haline gelmişti. Spinoza'nın biyografisini yazan arkadaşı J. M. Lucas, bu dönemde sinagogdan iki genç tanıdığının gelerek, dini görüşleri hakkında filozofu sorguladıklarını söylemektedir. Söylendiğine göre, Spinoza Tanrı'nın bir bedene sahip olduğunu savunmakla kalmamış, ama aynı zamanda, kutsal yazılarda karşıt bir görüşe kaynaklık edebilecek hiçbir delilin bulunamayacağını ileri sürmüştür. Gelenler öfkeyle oradan ayrılmışlar ve Bayle tarafından abartılarak anlatılan bir başka öyküye göre de, Spinoza daha sonra sinagogun basamaklarında saldırıya uğramıştı.

Yahudi cemaati, Polonya'yı işgal eden Moskof ve Kazaklar'dan kaçan Polonya Yahudileri'nin ani ve pek hoş karşılanmayan akınının da kısmi katkısıyla, ciddi bir gerginlik içine girmişti. Buna rağmen, hahamların Spinoza'nın eksantrik yaşam tarzına karşı aşırı-tepkili biçimde hareket ettikleri ve amaçlarını önemseyecek doğal karakterden yoksun olan birinin dışlanmasıyla Yahudi davasına daha iyi hizmet edilmiş olacağına inandıkları rahatlıkla söylenebilirdi. Mantıklı olsun veya olmasın, hahamlar Spinoza'yı zorla huzurlarına getirtmişler, onu din düşmanı olmakla suçlamışlar ve boş yere onu pişman olmaya zorlamışlardı. Otuz günlük bir aforoz döneminden sonra, Spinoza'nın düzelmeyeceğine karar verilmişti; 27 Temmuz 1656 yılında Spinoza nihayet sinagogdan dışlanmış ve "Joshua'nın Eriha'yı lanetlediği biçimde" lanetlenmişti;

> gece lanetlensin, gündüz lanetlensin; yere uzandığında lanetlensin, ayağa kalktığında lanetlensin; dışarı çıktığında la-

netlensin, içeri girdiğinde lanetlensin; Tanrı onu affetmeyecek; Tanrı'nın gazabı ve hiddeti bu adama karşı tutuşacak ve Kutsal Kitap'ta yazılmış olan tüm lanetleri ona yağdıracaktır; Tanrı onun adını göklerin altından silecektir ve onu mahvetmek üzere, Tanrı onu, Kutsal Kitap'ta yazılı olan tüm göksel lanetlerle birlikte, tüm İsrail kavimlerinden ayıracaktır ve siz, Yüce Tanrı'ya sadık olanlar, hepiniz o günü göreceksiniz!

Hiç kimsenin yazılı ya da sözlü olarak onunla ilişki kurmamasını, ona herhangi bir iyilik yapmamasını, onunla aynı çatı altında bulunmamasını, ondan en az dört gez(*) uzakta durmasını, onun tarafından yazılan hiçbir şeyi okumamasını emrediyoruz.

Spinoza'nın bu karara şu sözlerle cevap verdiği söylenmektedir: "Çok iyi; bu durum, bir skandaldan korkmazsam, kendi rızamla yapmayacağım şeyleri yapmamı artık gerektirmiyor." Ne var ki Spinoza bu çatışmaya pek sevinmemişti. Tam tersine, aforoz edildikten sonra sinagogdaki yaşlılara (İspanyolca yazılmış) bir *Özür* sunarak düşüncelerinin Ortodoks olduğunu savunmuş ve sırf ibadet törenlerine katılmadığı için kendisini "rezilce faaliyetlerde bulunan ve başka alçaklıklar yapan" biri olarak suçlayan hahamları kınamıştı. İçerdiği konular daha sonra *Teolojik-Politik İncelemeler*'e dahil edilmekle beraber, ne yazık ki bu özürün hiçbir nüshası günümüze ulaşamamıştır.

Özgür bir düşünürün sinagogda bulunmasından ötürü vekâleten rahatsız olan hahamların ve aynı zamanda Kalvinist din adamlarının başvurularına cevap veren sivil yetkililer, bir süreliğine Spinoza'yı Amsterdam'dan sürgün etmişlerdi. Spinoza Ouwerkerk köyünde kısa bir süre kaldıktan sonra, şehre geri dönerek 1660 yılına kadar Kartezyen felsefe üzerine özel ders vere-

(*) Dirsekten orta parmağın ucuna kadar olan mesafeye denk düşen eski bir uzunluk ölçüsü.

rek ve ayrıca mercek bileyerek geçimini sağlamıştı. Spinoza, elimizde 1810 yılında bulunmuş iki Hollandaca çevirisi olan *Tanrı, İnsan ve İnsanın Refahı Üzerine Kısa Bir İnceleme* adlı eserini bu dönemde kaleme almaya başlamıştı. Daha acemice ifade edilmiş olmakla birlikte, bu kitap Spinoza'nın daha sonraki felsefesinin en önemli öğelerini içermektedir.

Spinoza 1660 yılında Collegiyanlar'ın karargâhlarının bulunduğu Leiden yakınlarındaki sakin kır köyü Rijnsburg'a gitmişti. Bilgili bir insan olarak sahip olduğu şöhret yayılmış ve Avrupa'nın aklını ve yüreğini karıştıran felsefi-bilimsel sorunları tartışmak için can atan araştırmacı insanlardan mektup almaya, onları misafir etmeye başlamıştı. Spinoza'nın bu misafirlerinden biri de, bilgili bir teolog ve diplomat olan, ileride Londra'da ilk defa kurulan Kraliyet Cemiyeti'nin ilk sekreteri olacak olan ve Spinoza ile yaptığı yazışmalar, Spinoza felsefesi uzmanları için değerli bir kaynak teşkil eden Henry Oldenburg (?1615-77) idi. Spinoza Rijnsburg'da, Descartes'ın metafiziğine getirdiği açıklamaların ilk bölümü olan *Kartezyen Felsefenin İlkeleri* başlıklı çalışmasını Latince olarak kaleme almış ve (yine Latince olarak yazılan) *Ethika* adlı başyapıtı üzerinde çalışmaya başlamıştı. 1663 yılında Voorburg'a gitmek üzere Rijnsburg'dan ayrılan Spinoza Amsterdam'dan geçerken, arkadaşları onu, Descartes hakkındaki açıklamalarını tamamlamaya ve kendi "metafizik düşüncelerin"den oluşan bir ekle birlikte yayımlamaya ikna etmişlerdi. Spinoza bu çalışmayı iki hafta içinde tamamlamıştı; böylesine hızlı bir çalışma temposu yazarın acelesinden değil, temel düşüncelerini özümsemiş olduğu bir sisteme olan mutlak aşinalığından kaynaklanıyordu. Spinoza'nın arkadaşı Lodewijk Meyer (1630-81) kitaba yazdığı önsözde, yazarın isteği üzerine, okura, Spinoza'nın Kartezyen düşüncelerin tümüne katılmadığını bildirmişti. Bu kitap, Spinoza'nın kendi adıyla yayımlanan biricik kitap olacaktı; bir zamanlar, çoğu Kartezyen sistem üzerine çalışan ve pek çoğu sistemin geometrik bir şekilde açıklanması ve zayıflıklarının gözler önüne serilmesi karşısında hayrete kapılan bilgili insanlar arasında saygınlık kazanmasına rağmen, kitap günümüzde haksız bir şekilde göz ardı edilmiştir.

Spinoza Voorburg'da *Ethika* üzerinde çalışmaya, bilim adamları, filozoflar ve teologlarla yazışmaya devam etmişti. Spinoza bu dönemde, modern ışıkbilimin kurucusu olan Christian Huygens ile, Amsterdam Belediye Başkanı Johan Hudd ile ve Hollanda büyükelçisi görevini yürüten aydın devlet adamı Jan de Witt ile tanışmıştı. Birçok analiste göre, büyükelçilik makamı, hem Genel Vali hem de Genel Meclis'in sahip olduğundan çok daha fazla yetkiye sahipti. Hollanda Cumhuriyeti'nin üzerinde inşa edildiği hoşgörü ve ifade özgürlüğü ilkelerinin ateşli bir savunucusu olan Jan de Witt, aynı zamanda, görevi gereği yürütmekte olduğu dış ilişkilerde, Hollanda'nın çıkarlarının zeki ve etkili bir savunucusuydu.

1652 ile 1654 yılları arasında Hollanda, kısmen Denizcilik Anlaşması'nın yol açtığı gerilimden dolayı İngiltere ile savaşmıştı; bu anlaşma nedeniyle Hollanda ticaret filosu taciz edilip engellenmiş, Cumhuriyetin geçim kaynağı olan ticaret ve balıkçılık ciddi bir şekilde zarar görmüştü. Jan de Witt bu çatışmanın çözümünde arabuluculuk yapmıştı. Ancak kaydedebildiği yegâne başarı, (I. William'ın torunu olan) genç Orange Prensi'nin, Hollanda askeri güçlerine liderlik etmemesini isteyen Cromwell'in bu talebini Meclis'e kabul ettirmek olmuştu. Bu uzlaşma, Genel Vali ile Meclis arasındaki ezeli çatışmayı daha da şiddetlendirmiş ve -daha o zamanlar, Genel Vali tarafından aşırı bir dinsel özgürlük savunucusu olarak değerlendirilen- Jan de Witt, Orange partisinin şüphelerini üzerine çekmeye başlamıştı.

Yine Hollanda'da yaygın olduğu üzere, giderek yükselen politik gerilim ifadesini, devletin yapısı, ibadet ve düşünce özgürlüğü gibi konular üzerinde cereyan eden tartışmalarda bulmuştu. Spinoza'nın de Witt ile olan arkadaşlığı, onun bu tartışmalarda taraf olmasına yol açmış ve bunun sonucunda 1670 yılında isimsiz olarak yayımlanan *Teolojik-Politik İncelemeler,* laik ve anayasal hükümeti güçlü bir şekilde savunan bir içeriğe sahip olmuştu. Sir Frederick Pollock'un deyimiyle, "söz konusu incelemenin teması ve yapısı birbiri ile uyumludur, ancak bu, insanı deliye çeviren buyurgan bir uyumdur." Yazarın kimliği uzun süre saklı kalamamış ve hoşgörü, anlayış ve barışçıl yöntemleri savunan bu çalışma, böylesine tehlikeli politikalara karşı, yenilgiye yol açacakları gerekçesiyle, direnen (veya direndiğini sanan) tüm kesimlerin şimşeklerini Spinoza'nın üzerine çekmişti. De Witt'in düşmanları *İncelemeler*'i "dönek bir Yahudi ile Şeytan tarafından Cehennem'de hazırlanan ve Jan de Witt'in bilgisi dahilinde yayımlanan" bir çalışma olarak tanımlıyorlardı. Kitap Reform Kilisesi Meclisi tarafından 1673 yılında kınanmış ve 1674 yılında resmen yasaklanmıştı.

1670 yılında Lahey'ye taşınan Spinoza, Jan de Witt tarafından kendisine bağlanan küçük bir emekli maaşı ile ölen arkadaşı Simon de Vries'in kardeşi tarafından kendisine verilen emekli maaşından oluşan yıllık 500 florin gibi küçük bir bütçeyle geçimini sağlıyordu (De Vries, Spinoza'yı kendi vârisi yapmak istemiş, ancak De Vries ailesi adına kendisine yalvaran Spinoza'nın bu onurlu davranışından dolayı bu fikrinden vazgeçmişti). Spinoza bundan sonraki beş yıl boyunca *Ethika* üzerinde çalışmaya devam etmiş, yarım kalan bir İbranice gramer yazmış ve *Politik İncelemeler* adlı eserine başlamıştı. Ayrıca, *Gökkuşağı Üzerine* ve *Şansın Hesaplanması Üzerine* adlı iki deneme yazmış ve İncil'i Hollandacaya çevirmeye başlamıştı (ancak yarım kalan bu çeviriyi daha sonra imha etmişti). Spinoza'nın makul geliri ve çalışmalarına olan bağlılığı onu yaşadığı yere adeta hapsetmiş, bazen üç ayı bulan süreler boyunca hiç dışarı çıkmadığı olmuştu.

Hollanda 1665 yılında yeniden İngiltere ile savaşa tutuşmuş ve Jan de Witt, 1668 yılında, Hollanda, İngiltere ve İsveç arasında üçlü bir ittifak oluşturarak, akan kanı durdurmayı başarmıştı. Ne var ki, 1671 yılında, İngiltere Kralı II. Charles, Hollanda'ya karşı, Fransa Kralı XIV. Louise ile güç birliğine gitmişti; 1672 yılında savaş ilan edilmiş ve 120.000 Fransız askeri Hollanda'ya girmişti. Paniğe kapılan ve hizipçilikte usta olan halk, bu felaketin faturasını de Witt'e çıkarmış ve -her kriz döneminde olduğu gibi- doğal liderlik odağı olarak yüzünü Orange Meclisi'ne çevirmişti. Orangistler büyükelçinin ihaneti hakkındaki dedikoduların önünü almak için hiçbir şey yapmamışlar ve 20 Ağustos 1672 yılında de Witt ile kardeşi kudurmuş bir kalabalık tarafından Lahey'de ele geçirildikten sonra, dövülerek öldürülmüşlerdi.

Bu gaddarlığı duyan Spinoza'nın, *Ultimi Barbari* başlığını taşıyan bir bildiriyle birlikte olay yerine gitmeye kalkıştığı söylenmektedir. Halk böyle bir yazıtı kolay kolay anlayamazdı; her koşulda Spinoza'nın bu alışılmadık öfkesi, evinde oturduğu ressam Van der Spyck tarafından dizginlenmişti. Daha sonra, Spinoza'nın kendisi de, hamisinin yaşamına mal olan bu aynı aptalca öfkenin hedefi olacaktı. Büyük Condé adına Albay Stoupe tarafından davet edilen Spinoza, Utrecht'te karargâh kurmuş olan Fransız ordusuna, 1677 yılında barış amaçlı özel bir ziyarette bulunmuştu. Spinoza'nın bu ziyaretinin Hollandalı yetkililer tarafından uygun bulunmadığı anlaşılıyor. Utrecht'ten geri dönen Spinoza haftalarca süren anlamsız bir sessizlikten sonra, yoğun bir şüpheyle karşılanmıştı. Din düşmanı ve ateist suçlamalarına şimdi de ajan suçlaması eklenmiş ve Spinoza'nın ev sahibi, evinin gözü dönmüş bir kalabalık tarafından kuşatılmasından korkmaya başlamıştı. Spinoza ev sahibini şu sözlerle rahatlatmıştı;

Hiçbir şeyden korkum yok; Haklılığımı rahatlıkla kanıtlayabilirim; ziyaretimin nedenlerini, bir kısmı ülkenin yetkili kişileri olan yeterince insan bilmektedir. Ne olursa olsun, herhangi bir kalabalık kapınızda en ufak bir gürültü yaptığı anda, talihsiz Witt'e yaptıklarını bana da yapacaklarını bilsem dahi, dışarıya çıkıp üzerlerine yürüyeceğim. Ben iyi bir cumhuriyetçiyim ve devletin onuru ile refahından başka bir amacım asla olmamıştır.

Spinoza Fransız güçleri ile birlikteyken, kral tarafından kendisine verilecek bir emekli maaşı karşılığında, XIV. Louis'e bir kitabını ithaf etmesi istenmişti. Ancak Spinoza bu teklifi kibarca reddetmişti. Aynı yıl içinde yeni ve daha onurlu bir teklif aldı; bu kez, Heidelberg Üniversitesi'nde öğretmenlik yapması öneriliyordu. Seçmen Palatin(*) Prens Karl Ludwig tarafından yapılan bu davet Spinoza'ya şu sözlerle iletilmişti: "Felsefi öğreti alanında en geniş özgürlüğe sahip olacaksınız ve prens, bu özgürlüğünüzü, mevcut dini kurumları rahatsız edecek biçimde, istismar etmeyeceğinize inanmaktadır." Spinoza bu davete verdiği cevapta, kendisinin entelektüel özgürlüğüne tanımlanmamış sınırlar getiren böyle bir maddeye razı olamayacağını belirtiyordu. "Dini çekişmeler", diye ekliyordu Spinoza. "Çoğu zaman ateşli dini coşkulardan değil, insanların çeşitli niteliklerinden ve zıtlıklara olan sevgilerinden kaynaklanır ve ne kadar doğru söylenirse söylensin, bir alışkanlık olarak her şeyi çarpıtıp mahkûm etmelerinden kaynaklanır. Özel ve gözden ırak yaşamımda bu durumu yaşadım; bu onurlu göreve terfi ettirildikten sonra da mı aynı kaygıları taşımaya devam edeceğim" (C XLVIII). Bu yüzden Spinoza öneriyi reddetmiş ve Lahey'deki tutumlu emeklilik yaşamına devam etmişti.

(*) Ortaçağda Roma-Germen İmparatorluğu'nda imparatoru seçme hakkına sahip olan prens.

Spinoza Lahey'den, gerçeği bulmak üzere oradan oraya seyehat eden genç bilimadamı Bohem kont von Tschirnhaus'un da aralarında olduğu seçkin çağdaşlarıyla yazışmaya devam etmişti. Tschirnhaus'un mektupları, Spinoza'nın, o sıralar bir el yazması olarak elden ele dolaşan ve bilginler dünyasından yoğun ilgi gören *Ethika* adlı kitabına yöneltilen en önemli itirazları içermektedir. Spinoza Tschirnhaus aracılığıyla, kendisinin bazı yazmalarına zaten aşina olan Leibniz ile tanışmıştı. İki filozof arasında gidip gelen mektuplar içten olmakla beraber, Spinoza başlangıçta Leibniz'e güvensizlik duymuş, buna karşılık Leibniz de kendi yakın çevresinde Spinoza'dan "adi fikirleri yüzünden sinagogdan kovulmuş bir Yahudi" olarak söz etmişti. Her iki filozofun sistemlerine kaynaklık eden temel iddialar büyük ölçüde birbirine benzediği için, -tamamen farklı sonuçlara varan- bu her iki filozofun birbirlerine belirli bir ihtiyatla yaklaşmış olması hiç de şaşırtıcı olmasa gerek.

Spinoza'nın arkadaşlarından birkaçı, onun *Ethika*'yı yayımlayacağını umuyorlardı. Spinoza Oldenburg'a gönderdiği bir mektupta, kitabı bekletmesine yol açan nedenleri şöyle açıklamıştı:

> ...Amsterdam'a, sana sözünü ettiğim kitabı yayımlamak amacıyla gitmiştim. Ancak ben orada çeşitli görüşmelerde bulunurken, benim şu anda Tanrı hakkında bir kitap bastırdığım ve söz konusu kitapta Tanrı'nın olmadığını göstermeye çalıştığım biçiminde bir dedikodu yayıldı. Böylece bazı teologlar, muhtemelen bu dedikoduyu yayanlar, beni prense ve yargıçlara şikâyet etme olanağı buldu; bunun da ötesinde, benden yana olduklarından şüphelenilen aptal Kartezyenler, her yerde yazmalarımı ve düşüncelerimi istismar ederek kendilerine atılan iftiraları ortadan kaldırmaya çalıştılar ve aynı çabalarını hâlâ sürdürüyorlar. Teologların her

yerde pusuya yatarak beni beklediklerini de bana ileten güvenilir insanlar aracılığıyla tüm bu olup bitenlerden haberdar olduğumda, işlerin nasıl bir hal alacağını görünceye kadar, kitabın yayımını durdurmaya karar verdim... (*C* LXVIII)

Sonuçta işler daha da kötüye gitmiş ve kitaptaki argümanların gerçek anlamını, mantıklı insanların zihninde bile muğlaklaştıracak bir düşmanlık ortamının oluşacağına inanan Spinoza, *Ethika*'yı yayımlama fikrinden vazgeçmişti. Bu arada, kitap dikkatli bir şekilde okunmuş ve düzeltmeleri yapmak gibi bir amaçla bile olsa en azından dar bir çevre ortaya çıkmıştı.

Spinoza'nın sağlığı 1676 yılında bozulmaya başladı. Bir süre önce yakalandığı verem hastalığı, mercek bileyiciliği işi nedeniyle şüphesiz daha da şiddetlenmişti. Buna rağmen Spinoza aktif olmaya devam etmiş ve herhangi bir şikâyette bulunmamıştı. Spinoza dünyadan göç etmek üzere olduğunun işaretini ancak son anda vermişti. Spinoza 20 Şubat 1677 günü bir hekim olan arkadaşı Dr. G. H. Schuller'i çağırtmıştı. Adeti olduğu üzere, öğleden sonrayı ev sahibinin ailesi ile geçirmiş, ardından da erken saatte uyumuştu. Pazar günü oraya varan Schuller filozofu iyi bulmuştu; öğleden sonra, Lutherci Kilise'deki ayine katılmak üzere evden ayrılan Van der Spyck ailesi, dönüşünde Spinoza'nın saat üçte öldüğünü öğrenmişti. Spinoza Spuy'de, Yeni Kilise'ye ait olan bir mezarlıkta, kiralandığı anlaşılan bir mezara gömülmüştü. Cenaze törenine altı faytonun katıldığı ve birçok ünlü vatandaşın ona son saygılarını sunmaya geldiği söylenmektedir. Spinoza'nın mezarını gösteren mezartaşı hâlâ yerinde olmasına rağmen, muhtemelen mezar bir kez daha kiralanmış ve filozofun kemikleri mezardan çıkarılmıştı.

Spinoza'nın ölümünden kısa bir süre sonra, ileride Lahey'de Lutherci bir papaz olacak olan arkadaşı Colerus, onun yaşam öyküsünü yazmıştı. Spinoza'nın yaşamının ve kişiliğinin doğallığını ve dostları ile tanıdıkları tarafından kendisine gösterilen derin saygıyı bu yaşam öyküsünden öğreniyoruz. Spinoza'nın sürdürdüğü münzevi yaşamı zorunlu kılan şey, onun yoğun emeği ve entelektüel disiplini iken, tutumluluğu, kişisel kaygıları ya da pintiliği değil, ruhunun bağımsızlığını ifade ediyordu. Spinoza'nın sosyal duygularının gücü ve gerekli bir insani iyilik olarak değerlendirdiği dostluğa yaptığı Aristotelesçi vurgu, *Ethika*'da güçlü bir şekilde ifadesini bulmuştur. Spinoza'nın iki biyograficisi -her ikisi de onun yakından tanıyan ve oldukça seven Colerus ve J. M. Lucas- onun kişisel cazibesine, asil dış görünümüne ve şefkatli kişiliğine tanıklık etmişlerdir. Onların bu tanıklığı, bir mektupta, Spinoza'nın kendi sözleriyle teyit edilmiştir:

> Kontrolüm dışında olan tüm diğer şeylerden önce, elimden geldikçe, gerçeğin sevdalısı olan insanlar arasında kurulan dostluklara değer veriyorum. Kontrolümüz dışında olan şeylerin dünyasında, hiçbir şeyin bize, böylesi insanlarla içten ilişkiler kurma olasılığından daha fazla huzur getiremeyeceğine inanıyorum; bir kez kavrandıktan sonra onay gerektirmeyen gerçek gibi (herkesin gerçeğin bilgisine duyduğu arzu üzerinde yükseldiği sürece), onlara beslediğimiz sevginin azalması da bir o kadar imkânsızdır. (*C* XIX)

Ne var ki bu ifade, oldukça metafizik bir dostluk yaklaşımı içermektedir ki, ileride başka nedenler yeniden bizi bu konuya getirecektir.

Lucas bize, Spinoza'nın orta boylu olduğunu ve güleryüzlü bir yüz ifadesine sahip olduğunu söyler. Ne kadar özgün oldukları kesin olarak tespit edilmemekle birlikte, Spinoza'nın birkaç portresi bulunmaktadır. Spinoza'nın kendisi de Hollanda'da yaygın olan sanatsal uğraşlarla ilgilenir, taslak resimler çizebilmek için saatlerce kâğıt ve mürekkep ile uğraşırdı. Spinoza pipo kullanırdı ve kendisine armağan edilen yarım fıçı için teşekkürlerini ifade ettiği bir mektuptan anlaşıldığına göre bira da içerdi (*C* LXXII). Giyim açısından geleneksel ve derli toplu olan Spinoza şunu savunuyordu; "özensizlik duygusu daha aşağı bir zihniyeti temsil eder ve bu zihniyette herhangi bir bilgelik bulunamayacağı gibi, bu zihniyetin kaynaklık ettiği bilimler kirlilik ve yozlaşmadan başka bir şey üretemez."

Spinoza'nın karşı cinse ilişkin tutumu hakkında fazlaca bir şey bilinmemekle birlikte, yirmi üç yaşında bir gençken, Van den Enden'in kızı Clara Maria'ya gönlünü kaptırdığı, ancak Maria'nın daha zengin bir öğrenciyi tercih ederek Spinoza'yı reddettiği iddia edilmiştir. Bazıları, söz konusu kızın o dönemde muhtemelen on iki yaşından büyük olmadığından hareketle, bu öyküye inanmamaktadır. Öte yandan, Spinoza, cinsel kıskançlık konusu (*E* 3, 35) üzerinde derin bir kavrayışla yazan yegâne büyük filozoftur ve kullandığı üslup, onun betimlenen duygulara bir hayli aşina olduğunu göstermektedir. Lucas bize, Spinoza'nın evliliği kınamamakla birlikte, muhtemelen "kadının kötü mizacından" korktuğu için ve her koşulda evliliği kendi bilimsel çalışmaları için bir tehdit olarak gördüğünden, kendisi için evliliği reddettiğini söylemektedir.

Spinoza'nın *Ethika*'sı güçlü argümanları ve yoğun bir entelektüel hırsı olan bir çalışmadır. Bu yüzden, Spinoza'nın, yukarıda belirtilenler dışında, başka bir şey yazmamış olması hiç de şaşırtıcı değildir. İlk çalışmalarından biri olan *Aklın Islahı Üzerine İncelemeler,* tıpkı Spinoza'nın ölmeden önce üzerinde çalıştığı *Politik İncelemeler* gibi yarım kaldı. Ölümünden sonra, sadık arkadaşları Jelles, Meyer ve Schuller, filozofun yazışmalarını toparlamışlar ve bilimle ilgili görünen kısımları, *Ethika* ve yarım kalan incelemelerin ilki ile birlikte yayımlamışlardı. Editörler, kısa sürede tamamen satılan ve yine aynı hızla yasaklanan bu yayımlara isimlerini koymayı göze alamamışlardı. Bu çalışmalar, kesintili, süssüz ama yine de ciddi ve görkemli bir tarza sahiptir; arada sırada göze çarpan aforizmalar, matematiksel bir kesinlikle sunulan argümanların şaşırtıcı ama zorunlu sonuçları olarak, büyük bir güçle sayfadan sayfaya atlamaktadır.

Spinoza'nın anadili İspanyolcaydı; İbraniceyi ustaca konuşurken, Portekizce ve Hollandaca üzerinde -muhtemelen Fransızca üzerinde de- etkin bir hakimiyete sahipti. Ne var ki, bu dillerden hiçbiri, Latincenin içerdiği bilimsel ve felsefi argüman zenginliğine sahip değildi ve bu yüzden Latince Spinoza için hem kendi düşüncesinin başlıca ifade aracı hem de onun entelektüel arayışının sembolü haline gelmişti. Spinoza, kültürümüzün evrensel dilini seçmekle, tartışmasız bir şekilde Latince'deki son başyapıtı yazmış ve bu başyapıtta, ortaçağ felsefesinin rafine anlayışları tersyüz edilerek tamamen çürütülmüştür. Spinoza o dilden bir tek kelimeyi kendisi için özel olarak seçmiştir; bu *caute* -"dikkatli olun"- kelimesidir ve gizliliğin sembolü olan bir gülün altına yazılmıştır. Zira, böylesine yaygın bir kullanıma sahip olan bir dilde yazmayı tercih eden Spinoza yazdıklarını saklamak zorunda bırakılmıştır.

2. Geçmişi

Spinoza yaşamsal çabalarını şu ünlü sözlerle tanımlamıştır:

> Tecrübe bana, günlük yaşamda sık sık yer alan tüm şeylerin boş ve beyhude olduğunu öğrettikten sonra; benim korktuğum ve beni korkutan tüm şeylerin, akıl onlardan etkilenmediği sürece, kendi başına iyi veya kötü olmadıklarını gördüğüm zaman, nihayet, gerçekten iyi olan, iyiliğini ifade edebilen ve aklın tüm diğer şeyleri dışlayarak etkilenebileceği bir şeylerin gerçekten var olup olmadığını araştırmaya karar verdim: Karar verdim, diyorum, sonsuzluk aracılığıyla kesintisiz yüce mutluluğa erişme yeteneğini keşfedip bu yeteneği kazanma olasılığını araştırmaya karar verdim. (*I* i)

Sahip olunan anlayışları bu şekilde sunmak o çağa özgü yapay bir davranıştı; her biri tamamen yeni bir çıkış olan, kurumsallaşmış düşüncelerle kirletilmeyen ve geleneksel yanlışlardan uzak olan bir cevabın *ab initio*'su olarak üretilen anlayışlar. Ancak, bu durum çağdaşlarından daha ziyade Spinoza için geçerliydi, zira Spinoza'nın öğretisi, ilk ilkelerde radikal bir indirgeme yapan bir öğretiydi. Ne var ki, Spinoza bile tarihsel bir boşluk içinde düşünmemiş ve -örtülü de olsa- anlamları zamanla muğlak hale gelen ve inandırıcılığı artık kuşku götüren anlayışlara gönderme yapmadan edememiştir.

Spinoza yirmi yaşında Latince öğrenmeye başlamıştı. O zamana kadar, on yedinci yüzyıl düşünce ve literatürüne yalnızca arkadaşları ve öğretmenleri ile yaptığı tartışmalar ve arada sırada İspanyolca ve İbraniceye yapılan çeviriler aracılığıyla ulaşmıştı. Bu yüzden, kişiliğinin oluştuğu yıllarda, Spinoza üzerinde düşünsel etkisi olan başlıca kişilerin, daha sonra ilgisini yönelteceği Descartes gibi filozoflar değil, düşünceleriyle çağdaş Yahudiliğin temel argümanlarını sağlayan önceki yüzyıllarda yaşamış Yahudi ve Müslüman yazarlar olduğunu kabul etmek durumundayız. Spinoza, Moses Maimonides'in çalışmaları ve Arap İbni Rüşt'ün yorumları sayesinde Aristoteles ile tanışacaktı. Bunlar ve onlardan sonraki teologlar aynı zamanda Spinoza'yı Hıristiyan skolastiklerin düşünceleriyle de tanıştıracaklardı. Spinoza Maimonides'te, yaşamın klavuzu olarak felsefe imgesiyle karşılaşacak; Kabbala'da ise, Tanrı'nın her yerde hazır ve nazır olması ve Yaratıcı ile yaratılan arasındaki nihayi özdeşlik anlayışlarını bulacaktı. Talmud'da ve yine Maimonides'te, saplantı haline gelmiş bir ahlaki ayrıntı sevgisini; soyut ilkelerin şematik ahlakına duyulan şüpheler ile birleştirilmiş insan tutkusu ve eyleminin titiz bir incelemesini görecekti. Tüm bu düşünceler, çarpıcı ve dönüştürülmüş bir tarzla *Ethika*'da yeniden ortaya konulmaktadır. Ancak Spinoza bu çalışmasını yazmaya başladığında, onun, hem felsefenin sorunlarına hem de bu sorunları çözecek yöntemlere ilişkin anlayışlarını değiştiren iki yeni faktör ortaya çıkmıştı. Bu faktörlerden biri, Spinoza'nın, bilimsel bilginin kaynağı olarak metafizik anlayışını ödünç aldığı Descartes idi; diğer faktör ise, siyasal felsefe alanında yapılan ve insanı sosyal doğası ile siyasal koşulları içindeki bütünlüklü çerçevesine oturtmaya, insanın sonlu ve yanlış koşullarına en çok uyan ilkeleri saptamaya çalışan yeni çalışmalar -özellikle Grotius ile Hobbes'un çalışmaları- idi.

Tüm bu faktörlerden herhangi birini belirleyici faktör olarak öne çıkarmak şu anda zor. Modern araştırmalar, Spinoza'yı, Descartes'ın en sistematik havarisi ve ustasının çelişkilerini giderip bilimini arıtmaya çaşılan metafizik bir arıtımcı olarak değerlendiren geleneksel yorumların kabul edilmesini imkânsız hale getirmiştir. Spinoza'yı ortaçağ düşünme tarzının, Aristotelesçi teolojiyi modern bilimin bulguları ile uzlaştıran, insan doğası ve insan mutluluğu hakkında, Aydınlanma'nın yeni insanına, Aristoles'in en yüce insani iyilik olarak gördüğü derin düşünmenin haklılığını kanıtlayacak olan yeni bir teori sağlayan, son büyük temsilcilerinden biri olarak görmek de bir o kadar kolaydır.

Spinoza, düşüncelerin kökenleri üzerine yapılan çalışmaların, söz konusu düşüncelerin gerçekliği ve anlamı hakkında yapılacak araştırmalardan önce geldiği bir pratiği (günümüzdeki anlamıyla "düşünce tarihi"ni) reddedecekti. Felsefe, diyordu Spinoza, kendi savunucularının yaşamlarından ve çalışmalarından bağımsız olarak değerlendirilmelidir (*T* vii). Ne var ki, Spinoza'nın kendi düşünceleri ve argümanları ilk bakışta modern okura öylesine tuhaf görünecektir ki, öncüllerine göndermede bulunulmadığı takdirde hemen hemen hiç anlaşılmayacaklardır. Daha sonra göstermeye çalışacağım gibi, Spinoza'nın, önceliğini kaybetmiş düşüncelere bu kadar çok ilgi göstermesi kesinlikle bir hata değildi. Tam tersine, bu durum, Spinoza'nın evren teorisinin oluşumuna yardımcı olan bütünlüklü bir Aristotelesçi ve skolastik felsefe vizyonundan kaynaklanıyordu: Spinoza'nın evren teorisi, dünyayı nasıl anlayabileceğimizi, dünyada nasıl hareket edebileceğimizi ve mutluluğa nasıl erişebileceğimizi tam olarak gösteren bir teoriydi. Spinoza'nın başarısı, insanın ve onun dünyasının ayrılmaz bir bütün oluşturduğu ve insanın, kendisini yaratan kaderin hem efendisi hem de kölesi olduğunu ortaya koymak oldu.

Aristotelesçi ve skolastik metafizik

Skolastikler aracılığıyla Aristoteles'ten miras alınan bir anlayıştan söz etmeksizin, ne Descartes'ı ne de Spinoza'yı anlamak mümkün değildir: bu, töz anlayışıdır. Aristotelesçi mantığa göre, her basit önerme iki bölümden -özne ve yüklemden- oluşur ve tözler ile bu tözlere "yüklenen", "atfedilen" ya da "onlara içkin olan" nitelikler arasında pratikte var olan temel bölünmeyi yansıtır (Örneğin, "John keldir" önermesinde, kellik John'a isnat edilmektedir). Bu mantıksal ayırım beraberinde bazı metafizik içermeler getirmektedir. Tözler nitelikleri bakımından değişebildiğine göre, değişim süresince varlıklarını korumaları gerekmektedir. Gerçekten de, tözlerin her türlü değişime dayandıkları ve bu yüzden ne yaratılabilecekleri ne de ortadan kaldırılabilecekleri varsayımına dayanan töz düşüncesinin kendisi -Spinoza'nın muhteşem bir şekilde ortaya çıkardığı- bir cazibeyi içermektedir. Daha da önemlisi, eğer tözlerden bahsediyorsak, tözleri, en azından düşünsel olarak, bir noktada kendilerine engel teşkil etme olasılığı bulunan niteliklerden ayırmak mümkün olabilmelidir. Böylece tözün -o olmaksızın tözün o özgün şey olamayacağı- "özü" ile "rastlantılar" arasında, yani varlığını tamamen ortadan kaldırmadan değişebileceği nitelikler arasında bir ayırım yapmalıyız. Nihayet, hiçbir nitelik, doğasına içkin olduğu töz olmaksızın var olamaz; nitelikler temelde birbirine bağımlıdır. Bu yüzden Aristotelesçi yaklaşıma göre, gerçekliği son tahlilde tözler oluşturmaktadır.

Aristotelesçi bilim, tözlerin, cinsler ve türler olarak sınıflandırılmalarına dayanıyordu. Bacon ile Galileo'nun yeni bilimi ise, değişimi açıklayan belirleyici faktör olarak, niteliği değil, niceliği esas almış ve bu yüzden kısıtlayıcı töz anlayışının dayattığı sınırları zorlamaya çalışmıştı. Bu bilim, hem tekil ve tür terimleri hem de nicel (veya "yığın") terimleri karşısındaki duyarsızlığı nedeniyle özellikle zorlanıyordu. Örneğin -hem bir bireyi hem de o bireyi kapsayan sınıfı ifade edebilen- "insan" terimi bireysel tözlere işaret eder. Aynı zamanda, genel olarak insanları tanımlayan bir yüklemi de ifade eder. Peki ya "kar" ile "su"ya ne demeli? Bilimsel düşünce için vazgeçilmez olan bir ayırımı yok ediyormuş gibi görünen daraltılmış bir bağlam dışında, bireysel "karlar" veya "sular" yoktur. "Şey" ile "madde" arasındaki, yani sayılabilen ile yalnızca ölçülebilen arasındaki ayırımdır bu. "Madde" düşüncesini "töz"ün kavramsal çerçevesine sıkıştırmakta karşılaşılan zorluk, büyük ölçüde, Aristotelesçi biliminin on yedinci yüzyılda reddedilmesine yol açmış ve başka nedenler olmasa bile, sırf bu nedenle, töz kavramı, Spinoza'nın kendi felsefesinde ona biçtiği merkezi rolü üstlenmek mecburiyetinde kalmıştı.

Aristoteles ve Aristoteles-sonrası külliyattan başka argümanlar ve anlayışlar da miras alan ortaçağ teolojisinin çoğu özgün katkısına, Aristotelesçi metafiziğin şaşmaz tonları damgasını vurmuştur. Bu durum, ileride en etkili skolastik tartışmalardan biri haline gelecek bir tartışma için çok daha fazla geçerliydi; bu, Tanrı'nın varlığının ontolojik olarak kanıtlanması tartışmasıydı. Bu kanıtı keşfetme şerefi normalde, Canterbury Başpiskoposu St Anselm'e (1033-1109) verilmektedir, ancak Aristoteles'in *Metafizik* adlı eserinin bazı pasajlarında ve yine bu eser üzerine El-Farabi ile İbni Sina tarafından yazılan yorumlarda aynı kanıtın bazı izlerine rastlamak pek de çarpıtma sayılmaz. Söz konusu kanıt, St Thomas Aquinas tarafından, Hıristiyan doktrininin temelini sistematik bir şekilde ortaya koyduğu çalışmasında reddedilmişti, ancak yine de bu kanıt, Aquinas'ın kabul etme eğiliminde olduğu ve tümü de Tanrı'nın varlığına ilişkin kanıtlarını zorunlu bir varlık anlayışına, özü var oluşu içeren bir varlık anlayışına dayandıran diğer bazı argümanlar sınıfına girmektedir. St Anselm'in oldukça yalın bir şekilde ortaya konulan argümanı şöyledir. Tanrı denilince, kendisinden daha büyük hiçbir şeyin düşünülemeyeceği bir varlığı anlıyoruz. Bu düşünce aklımızda açık bir şekilde bulunmaktadır ve her türlü mükemmelliğe, yani her türlü "pozitif niteliğe" sahip olan bir objeye tekabül etmektedir. Ancak eğer bu objenin düşüncesi gerçeklikte değil de, yalnızca aklımızda bulunsaydı, ondan daha üstün olacak bir şeyin düşüncesi, yani yalnızca şimdiye kadar kavranan mükemmelliklere sahip olmakla kalmayıp, aynı zamanda gerçek var oluşun getirdiği ek mükemmelliği de içeren bir varlığın düşüncesi olacaktı. Bu ise, en mükemmel varlık düşüncesi gerçekliğe uymalıdır hipotezine ters düşmektedir. Başka türlü söylemek gerekirse, en mükemmel varlığın bulunduğu olgusu, zorunlu bir gerçektir.

Ortaçağlardaki -Hıristiyan, Yahudi ve Müslüman- filozoflar, tüm soyutluklarına rağmen, kendilerinin en derin ve en dindar duygularını içeriyormuş gibi algıladıkları argümanlarla büyülenmişlerdi. Üstelik bu büyü Spinoza'nın yazdıklarıyla da bozulmamıştı. Descartes belirli bir ontolojik veri türünü kabul etmişti; Spinoza da aynı şeyi yaptı; bir diğer büyük rasyonalist olan Leibniz de. Gerçekten de, bu argümanın sonunda cazibesini kaybetmesi ancak on sekizinci yüzyılda, Kant'ın nihayi bir şekilde söz konusu argümanı çürütmesiyle mümkün oldu ve o döneme gelindiğinde insanın doğa içindeki yerine yönelik ortaçağ bakış açısı geri dönülmez bir şekilde bertaraf edilmişti.

Ontolojik verinin kabulü ve bunun bir sonucu olarak sınırsız bir güç ve bilgiyle donanmış olan "zorunlu varlık" anlayışı, başka bir teolojik iddia ile ilişkilendirildiğinde saçma görünüyor; bu, insanın özgür ve yargıya karşı sorumlu olduğu iddiasıdır. Eğer var olan her şey sonuçta kutsal doğaya bağlıysa ve eğer bu doğa zorunluluk tarafından yönetiliyorsa, öyleyse dünyada hiçbir şey tesadüfi değildir. O halde insan özgürlüğü nasıl mümkün olabilir? Aristotelesçi metafiziğin kabul edilmesiyle birlikte, -Kilise pederlerinin çok önceden aşina oldukları- bu soru, yeni bir boyut ve aciliyet kazanmıştı. Modern felsefenin en büyük başarılarının bir kısmı, insan özgürlüğüne duyulan inanç ile Tanrı'nın doğasının öncesiz sonrasız yasalarını bağdaştırma çabasından doğmuş ve bu büyük başarılar arasında Spinoza'nın kaydettiği başarı, yalnızca en yaratıcı ve derin olanı değil, ama aynı zamanda belki de gerçek anlamda inandırıcı olan biricik başarıydı.

Aristotelesçi ahlak

Aristoteles'in *Nicomachean Ahlakı*'nın ilk bakışta göze çarpmayan etkisi, Spinoza'nın yazmalarında en azından Aristotelesçi teoloji kadar yaygındır ve bu etki, skolastikler aracılığıyla değil, Yahudi ve Müslüman kaynaklar aracılığıyla Spinoza'ya ulaşmıştır. Aristoteles, "insan için iyi bir yaşam"ı keşfedebilmemiz için, insanın ayırt edici niteliği olan akıl üzerinde durmamız gerektiğini savunuyordu. Rasyonel bir varlık aklını iki farklı biçimde kullanır; teorik ve pratik olarak. Mutluluk ancak pratik aklın doğru bir şekilde kullanılmasıyla, yani doğamızı tatmin edecek, ama doğamızın önüne herhangi bir engel çıkarmayacak şekilde kullanılmasıyla elde edilebilir. Ne var ki, rasyonel bir varlık yalnızca akla değil, aynı zamanda duyguya da sahiptir. Böylesi rasyonel bir varlığın mutluluğu, onun duygularını, hep aklın tavsiye ettiği yolu izleyecek biçimde oluşturmasına bağlıdır. Bu ise ancak, kişiyi, rasyonel doğası ile uyumlu olan şeyleri yapıp hissetmeye sevkeden belirli kişilik niteliklerinin -erdemlerin- geliştirilmesiyle mümkündür.

Spinoza, insanı, aklı yalnızca teorik ve pratik olarak değil, ama aynı zamanda duygusal yaşamında da ifadesini bulan rasyonel bir varlık olarak gören Aristoteles'in yaklaşımını paylaşıyordu. Spinoza ayrıca, aklı, duygularımızı mutluluğun doğrultusuna yöneltebilecek belirli bir disiplin türü olarak görürken de yine Aristoteles'i takip ediyordu. Ne var ki, Spinoza geliştirdiği duygu teorisi, akıl ile tutku arasındaki ilişkiyi kavraması ve Aristotelesçi olmaktan ziyade Platoncu bir tanım atfettiği mutluluk düşüncesi gibi hususlarda Aristoteles'ten ayrılıyordu.

Grotius ve Hobbes

Spinoza'nın ahlak sistemi, mutluluğa giden yolu bize gösterecek biçimde tasarlanmıştır. Aristotelesçi olmaktan ziyade bir stoacı olan Spinoza, insanın mutluluğa ve zihinsel huzura, toplumsal, siyasal ve maddi koşullarından bağımsız olarak, ancak kendi kaynaklarıyla ulaşabileceğine daha fazla inanıyordu. Spinoza'ya göre, insanın kaderi, oldukça gerçek bir anlamda, kendi elindedir ve insan mutluluğunu da sıkıntısını da kendisine borçludur. Bununla birlikte, insanlığın önemli bir kısmı, ne bir filozofun içkin özgürlüğüne özlem duyar ne de o özgürlüğü anlamalarını sağlayacak bir biçimde yaşar. Bu durumda bile, kendilerinin rasyonel doğasına uyan yasalarla yönetilmeleri ve affedilebilir aşırılıklarının hoşgörülmesi koşuluyla, insanlar birlikte barış ve huzur içinde yaşayabilir.

Sürdürülebilir bir anayasal hükümet deneyi olan Hollanda Cumhuriyeti, yasaların yapısı, özgürlük ve egemenlik gibi konularda oldukça derin bir kurama kaynaklık etmişti. Bu kuramın mirasçısı olan Spinoza, kuramın en büyük savunucularından biri ve uluslararası hukuk üzerine yapılan ilk ve en büyük incelemenin *(De Jure Belli ac Pacis,* 1630-1635) yazarı olan Hugo Grotius'tan (Huig de Groot, 1583-1645) derinden etkilenmişti. Grotius, Papalık hukukunun yozlaşması ve çöküşü ile modern devletin doğuşunun, beraberce, her türlü özel egemenliğin buyruğunu aşan bir hukuk biçimine duyulan acil ihtiyacı ortaya çıkardığına inanıyordu. Kraliyet atamalarına dayalı eski yönetim düşünceleri, insanın değişmiş koşulları karşısında tamamen yetersizdi. Bir devlet, diye savunuyordu Grotius, haklarını ve çıkarlarını savunmak üzere bir araya gelen özgür insanlar tarafından oluşturulan bir birliktir ve bu yüzden her türlü yasa ya bu özgür birliğe dayanmalıdır ya da yaşamın her koşulunda tüm insanlar ve uluslar için geçerli olan daha üstün bir yasaya -doğanın yasasına- dayanmalıdır. Sonsuz ve değişmez olan doğa yasası Tanrı için bile bağlayıcıdır; bu yasayı fark edebilmek için, bizi tıpkı mantık ile matematiğin gerçeklerine olduğu gibi, aynı zamanda doğrunun ve yanlışın kavranmasına yönelten aklımızı kullanmamız yeterlidir.

Grotius hiçbir şekilde bu konuda yalnız bir düşünür değildi; onun hukuk, sivil birlikler, savaş ve barış hakkında ifade ettiği düşünceler, o dönemde Hollanda'da yaygındı ve Thomas Hobbes'un, ikisi de Spinoza tarafından okunmuş olan *De Cive* ile *Leviathan* adlı eserlerini kaleme aldığı İngiltere'de de filizlenmiş ve aynı ölçüde bir ilgi odağı haline gelmişti. Hobbes, doğal yasanın ilkelerini, Grotius tarafından ortaya konulduğu biçimiyle kabul ediyordu. Ancak doğal yasa, diye savunuyordu Hobbes onu uygulayacak güç olmaksızın tamamen etkisizdir. Bu yüzden, "ulus"un varlığını ve niteliğini belirleyen şey hak olmaktan ziyade, güçtür. Güç her türlü siyasal düzenlemedeki ortak faktördür; ve gücün yapısı, bölünüşü ve sınırlayıcı prosedürü, hükümetler arasındaki gözlemlenebilir farklılıkları temsil eder.

Spinoza'nın politik felsefesi, Grotius ile Hobbes'tan oluşmuş bir tür sentezdir. Tıpkı Grotius gibi, Spinoza da, aklın keşfedebileceği ve ideal bir yönetim biçimini yaratacak olan doğal yasaya inanır; ama tıpkı Hobbes gibi, Spinoza da, pratikte haklar ve güçler arasına hiçbir fark koymaz ve politikanın sorununu gücün paylaşımı olarak görür. Güç, diye sorar Spinoza, insanın rasyonelliğini içinde ifade edecek ve uygulanışıyla insanın özgürlüğünü koruyacak biçimde nasıl yapılandırılmalıdır? Spinoza'nın bu soruya verdiği yanıt, onun yazdığı her şey kadar ilginçtir.

Kartezyen devrimi

Descartes'ın, yazmalarının feci gücüyle, entelektüel yeniliklere zaten epeyce açık olan Hollanda'daki okulları, kiliseleri ve üniversiteleri nasıl vurduğunu anlamamız pek kolay değil. Şu kadarını belirtmek yeterli; bizzatihi Descartes isminin belli bir süre Leiden Üniversitesi'nde telaffuz edilmesinin yasaklandığı canlı ve çoğu zaman şiddetli olan bir tartışma döneminin ardından, saygısızca ilk ilkeleri araştıran yeni felsefe, tehlikeli bile olsa, teolojik ve bilimsel tartışmaların meşru kaynağı olarak kabul edilme noktasına gelmişti.

Descartes, 1636 yılında yayımladığı *Discours de la Méthode* adlı eserinde (ki bu eserin Latince yerine Fransızca olarak yazılması başlı başına bir olaydı), radikal bir entelektüel reform programı ortaya atarak, açıkça kanıtlanmayan her türlü önermenin doğruluğunu reddediyordu. Tüm bilim, diye savunuyordu Descartes kendisi bir aşikâr gerçekler, yani kavranmalarını sağlayan kanıtlardan başka kanıt gerektirmeyen gerçekler sistemi olan metafizik üzerinde inşa edilmelidir. Hiçbir önerme, kanıtlanması için varsayılan dayanak noktalarından daha kesin olamaz. Bu yüzden aşikâr gerçekler olmadığı sürece, hiçbir şeyin bilinmesi mümkün değildir, zira her yargı son tahlilde, doğruluğu kanıtlanmamış dayanak noktalarının kabülüne bağlıdır. Aşikâr gerçekler, doğruluğu aklın "doğal ışığı" ile ortaya çıkan türden gerçeklerdir; yani Grotius'tan aldığımız bir terimi kullanarak söylemek gerekirse, doğruluğu *a priori* olan gerçekler.

Descartes'ın başlıca aşikâr gerçek örneği, onun ünlü *cogito* deyimindeki gerçekti: "Düşünüyorum, öyleyse varım." Düşündüğümden şüphe edemem, yani düşündüğümü teyit etmem gerekmiyor (ki aynı şey ben varım yargısı için de geçerlidir).

Spinoza üzerine çalışanlar için daha ilgi çekici olan bir başka örnek de, bir argümanın geçerliliği hakkındaki bilgimizdir. "*P* ve *q*" biçimindeki bir önermeden, *p*'nin ortaya çıktığını görebiliyorum ve bu da aşikârdır. Bu durum bazı önemli bakımlardan *cogito*'nun durumundan farklı olmakla birlikte, bu yine de bir gerçeğin "doğal ışık" tarafından ortaya konulmasına örnektir. Descartes, "*p* ve *q*" ile "*p*" arasındaki ilişkinin, açık ve ayrık bir şekilde algılayabileceğim bir şey olduğunu veya hakkında "açık ve ayrık bir düşünce"ye sahip olduğum bir şey olduğunu söylerdi. Bu türden her düşünce, aklın "doğal ışığı" sayesinde doğru bir düşünce olarak görülebilir. Bu yüzden "açıklık ve ayrıklık" Descartes tarafından, gerçeğe temel bir kriter sağlayan olgular olarak kabul edilmişti; bir düşüncenin temel yapısında olan böyle bir güvence, dünyanın, düşüncenin onu temsil ettiği gibi olduğu anlamına gelmektedir. "Açık ve ayrık" terimleri ile tam olarak ne kast edilmek istendiği tartışma konusudur. Açık bir düşüncenin, duyularımdan veya kendi muhakeme gücüm dışındaki herhangi bir kaynaktan yardım almaksızın kavradığım düşünce; ayrık bir düşüncenin ise, temelinde var olmayan düşüncelerle karışmamış olan bir düşünce olduğu anlaşılıyor. Ne var ki, böyle bir açıklama, bir muğlaklığın yerine başka bir muğlaklığı geçirmekten başka bir işe yaramıyor. Özellikle de, açıklanmaya en çok muhtaç olan bir terim, yani Descartes'ın, çoğu çağdaşıyla birlikte, bireysel yapısı veya kökeni ne olursa olsun, her türlü zihinsel süreci tanımlamak üzere başvurduğu "düşünce" terimi kullanıldığı için.

Böylesi zorluklar, Kartezyenler için, bize olduğundan daha az aşikârdı. "Açık ve ayrık düşünceler" yöntemi, bilginin temel sorununu çözen bir yöntem olarak kabul edilmişti; söz konusu yöntem, içsel olan ile dışsal olan arasındaki köprüyü, muhakememize dayanan kesinlik ile üzerine düşündüğümüz dünya arasındaki bağlantıyı sağlıyor gibi görünüyordu. Spinoza, Descartes'ın yönteminin dönüştürülmüş bir biçimini kabul etmiş ve ondan standart bir felsefi sonuç çıkarmıştı. İnsan bilgisinin temel dayanak noktalarının, deneyle değil, akıl ile oluşturulması gerektiğine ikna olmuştu, zira şeylerin özünün kavranmasını yalnızca akıl sağlayabilirdi; tam olarak "açık ve ayrık bir düşünce" ile kavranan bir öz. Spinoza bu hususu bir mektubunda ifade etmişti:

> Verili bir niteliğin tanımının doğruluğunu bilmemiz için, deneye ihtiyacımız olup olmadığını soruyorsunuz. Benim bu soruya vereceğim cevap şudur; bir şeyin varlığının, o şeyin tanımından anlaşılmadığı durumlar dışında, asla deneye ihtiyacımız yoktur... (*C* X)

Bu yüzden bilimsel bilgi, özleri ele alan aşikâr belitlerden yola çıkmalıdır. Oradan da, açık ve ayrık düşünceler yöntemiyle yoluna devam etmelidir; yani, tümdengelim yöntemiyle.

On yedinci yüzyıl filozofu, tamamen aşikâr dayanak noktalarından yola çıkmış gibi görünen, açık ve ayrık muhakeme halkalarıyla yoluna devam ederek, kendilerini ortaya çıkaran dayanak noktaları kadar zorlayıcı ve evrensel olarak geçerli olan sonuçlara varan Euclid'in geometrisindeki rasyonel bilim paradigmasına sahipti. Bu yüzden, geometrik yöntemi genelleştirme arzusu başgöstermişti; yani, her bilim dalı için, o bilim dalının temel varsayımlarının açık ve ayrıntılı bir açıklamasını içerebilecek bir belitler dizisini oluşturma arzusu. Descartes'ın kendi fizik sistemi -ki bazı bakımlardan modern bilimsel düşünme tarzının habercisi olan gerekçelerle Spinoza tarafından reddedilmişti- böylesi bir "geometrik" izahata varan doğrultuya işaret ediyordu. Ancak bu izahatın kendisi, diye savunuyordu Descartes, ilk ilkelerin biricik ve özel alanı olan metafizikten yola çıkmalıdır.

Spinoza, *Kartezyen Felsefesinin İlkeleri* (1663) adlı eserinde, Descartes'ın felsefesini bir belitler ve tanımlar dizisine indirgeyerek ve buradan temel Kartezyen sonuçlara ulaşarak, geometrik bir yöntem paradigması oluşturmuştu. Hem Kartezyen sistemi tamamlayan hem de bu sistemin yanıldığı temel noktaları gösteriyor gibi görünen bu çaba, geometrik yöntemin otoritesini bir hayli güçlendirmişti. Bu yüzden, Spinoza'nın kendi *Ethika*'sı, tamamen geometrik anlamda kavranmış ve eserin beş bölümünden her biri belitlerden ve tanımlardan yola çıkarak, matematiksel kanıtlarla sonuca ulaşmıştı. Başlıktan da anlaşılacağı gibi, kitap yalnızca metafizik üzerine yapılmış bir inceleme olarak tasarlanmamıştı. İnsan doğası, insan davranışı ve insanın kaderi de, Spinoza için aynı ölçüde önemliydi. Spinoza, bu olguların da geometrik tarzla ele alınabileceğine inanıyordu ve varılacak sonuçlar, matematiğin temel yasalarının kesinliğine, zorunluluğuna ve evrenselliğine sahip olacaktı. Bu yüzden, Spinoza'nın sistemi, "bir töz doğası gereği, değişmiş hallerinden önce gelir" önermesi ile "haddinden fazla neşe olamaz, çünkü neşe her zaman iyidir; ama öte yandan, melankoli her zaman kötüdür" önermesine aynı matematiksel katılıkla yaklaşmaya çalışan bir sistemdir (izi özgün belitlerine kadar sürüldüğünde, ikinci önermenin kanıtı 100 adım gibi bir şeyi gerektiriyor; Spinoza'nın, neşenin, gözlemlenmekten daha kolay kavrandığı biçimindeki görüşüyle yan yana konulduğunda, böyle bir "kahkahanın matematiği" düşüncesi daha az ilginç görünüyor).

Spinoza'nın "Ethika"sının tasarımı

İlerleyen paragraflarda, Spinoza'nın *Ethika*'sının temel argümanlarını özetlemeye çalışacağım. Ayrıca daha dağınık bir şekilde kaleme alınan ve herhangi bir "geometrik" tümdengelim iddiası gütmeyen politik yazmaları da ele alacağım. *Ethika* söz konusu olduğunda, geometrik yöntem kitabın verdiği mesajın ayrılmaz bir parçasını oluşturmaktadır; gerçekten de, bu yöntem olmaksızın, Spinoza'nın vardığı sonuçların gerçek anlamı tam olarak anlaşılamaz. Bu olgu, kitabın ulaştığı etkileyiciliği kısmen açıklamaktadır. Ne var ki, bu olgu aynı zamanda, modern okur için zorlu bir engel teşkil etmektedir. Spinoza'nın döneminden günümüze dek, yalnızca geometri değil, ama aynı zamanda mantık da, köklü değişikliklere uğramıştır ve matematikçiler ile bilim adamları "belitsel yöntemi" kullanmaya devam etmekle birlikte, her bilimin belitlerinin "aşikâr" olduğuna veya herhangi bir bilim dalı için gerekli olan "düşünceler"in özünde gerçeğin bazı izlerini taşıyabileceklerine artık inanmamaktadırlar. Bu sonuncu yaklaşımın önündeki temel engel, yani bir belitler ve tanımlar dizisinin (türü ne olursa olsun) düşüncelerden değil de, sözcüklerden oluştuğu ve hiçbir sözcüğün kast ettiği anlamı dışa vurmadığı olgusu, Spinoza'nın kendisi tarafından da fark edilmişti. Herhangi bir belitin içeriği ancak belirli bir sistem bağlamında bir bütün olarak açığa çıkabilir. Peki ama, bir sistemin yalnızca bir tek tutarlı yorumu olabileceğini veya bu yorumun aydın okur tarafından anlaşılmasını nasıl garanti edebiliriz?

Moses Maimonides okurlarını tekrar tekrar "insan dili"ne karşı uyarır; bununla kast ettiği şey, felsefi sorunların zorunlu olarak ele alındığı ancak nihayi gerçeğin ifade edilmesinde ancak mecaz anlamda kullanılabilen günlük dildir. Maimonides'in *Şaşkınların Kılavuzu* adlı eseri, metafor ile onun tehlikeleri üzerine yapılan bir inceleme olduğu kadar, aynı zamanda tektanrıcı metafiziğin açıklamasıdır da. Spinoza sözcüklere yüklenen günlük anlamları reddederken ve okurlarını, dili değil de, dil aracılığıyla ifade ettiği "düşünceleri" kavramaya davet ederken, Maimonides'i izlemektedir. Dilin bilinen kullanımı, sözcükleri açık ve ayrık düşünceler yerine, deneyimin muğlak anlayışlarıyla ilintilendiren hayal gücü tarafından belirlenmektedir. Hayal gücünün dilinde hiçbir şey gerçek anlamda tanımlanamaz ve felsefi spekülasyonun nihayi özne-nesnesini, yani Tanrı'nın kendisini, hiçbir şey hayal gücü kadar yanıltıcı hale getiremez: "Sözcükler halkın arzularına ve kavrayışına göre biçimlendirilirler *(ad libitum et ad captum vulgi)* ve bu yüzden şeylerin akıldaki hallerinin değil, imgelemdeki hallerinin göstergeleridir..." (*I* xi).

Ethika'daki Latince, yalnızca kanıtların eksiksiz ve ayrıntılı bir şekilde incelenmesiyle anlaşılabilecek teknik bir dildir. Böyle bir dil pekâlâ da diğer herhangi bir dil kadar yanlış yorumlanabilir; hem de çok daha kolayca. Spinoza, Simon de Vries tarafından kendisine sorulan sorulara verdiği yanıtta (*C* IX), yalnızca gerçek tanımları sunmaya özen gösterilmesi koşuluyla, dili, sonsuz gerçeğin alanı ile ilişki kuracak biçimde kullanmanın mümkün olduğunu açıklamaktadır; gerçek tanımlar, keyfi şartlandırmalar değil, tanımlanan şeyin özünü ortaya çıkaran tanımlardır. Ne var ki, böylesi tanımların mümkün olabilmesini varsaymak, daha başından, Spinoza'nın metafiziğinin temel iddialarından birini kabul etmek anlamına gelmektedir; ki bu, Spinoza'nın yalnızca "gerçek tanımların" kullanıldığı kanıtlara dayandırdığı bir iddiadır.

Bu zorluğu olanca bütünlüğü ile ele almak, bizi fazlasıyla konu dışına götürecektir. Descartes'ın da karşılaştığı bu zorluk, aynı zamanda Spinoza'nın pek çok halefinin karşısına da çıkacaktı. Okurun *Ethika*'yı incelerken, sayfalardaki sözcüklerden yola çıkarak, bu sözcüklerin ifade ettiği "düşüncelere" tam olarak ulaştığından asla emin olamayacağını söylemek yeterlidir. Okur çoğu zaman, tüm sistemi açıklığı içinde kavrıyor gibi görünecektir; ne var ki, tıpkı Valhalla'nın kuleleri gibi, görüntü ancak karanlığın çökmesiyle oluşur ve gece tarafından birdenbire karartılırken göze çarpar.

Ethika beş bölümden oluşmaktadır. "Tanrı Üzerine" başlıklı ilk bölüm, Spinoza'nın kendi ontolojik veri anlayışını ve Tanrı'nın dünyadan ayrı olmadığı, tersine dünyanın her yerinde hazır ve nazır olduğu biçimindeki teorisini özetlemektedir. "Aklın doğası ve kaynağı üzerine" başlıklı ikinci bölüm, Spinoza'nın fiziğinin özlü ve etkileyici bir özetini içerirken, esas olarak Kartezyen felsefenin temel sorunu üzerinde yoğunlaşmaktadır; bu sorun, akıl ile madde arasındaki ilişkidir. Descartes aklın maddeden ayrı bir töz olduğunu savunmuştu; öte yandan, Descartes'ın töz anlayışı (onun fark ettiği ve Spinoza'nın kanıtladığı üzere) tözler arasında bir etkileşim olamayacağı olgusuna dayanıyordu. Peki bu durumda insanın doğa içindeki yeri nedir ve bilgi nasıl mümkündür? Spinoza bu sorulara cevap verir, ancak Descartes'ın dayanak noktalarını reddederek cevap verir. "Duyguların yapısı ve kaynağı" üzerine başlığını taşıyan üçüncü bölüm, Spinoza'nın insan doğası üzerine yaptığı değerlendirmeyi ve kendi metafiziğinin yarattığı temel bir zorluğa verdiği karşılığı içermektedir: bu temel zorluk, bireysel varoluş sorunudur. Eğer var olan her şey Tanrı içinde var oluyorsa, dünya hangi anlamda bireysel şeyleri içermektedir ve ben hangi anlamda, bana ait olan bir yapı ve kadere sahip bir bireyim? Dördüncü Bölüm, "İsa'nın köleliği ve duyguların gücü" üzerinde durmaktadır. Spinoza burada, tutkuları, düşünceleri ve hayallerinden dolayı gerçek doğasını inkâr etmek zorunda bırakılan, ama bu kölelik koşullarında bile, bir bileşeni olduğu evrenin mutlak mükemmelliğini dile getiren insanlığın köleleştirilmiş yaşamını tanımlamaktadır. Kitabının son bölümünde, "Aklın veya insan özgürlüğünün gücü"nü tanımlayan Spinoza, insanın aklını kullanarak özgürlüğe ve mutluluğa nasıl erişebileceğini ve bunu yaparken, Tanrı'nın bir lütfu olan o mutlak dünya bilgisine ulaşmak için nasıl çaba harcadığını göstermektedir.

3. Tanrı

Spinoza *Ethika'*nın ilk bölümünde "Var olan nedir?" sorusu üzerinde durur; ve bu soruya 14. ve 15. önermelerde cevap verir: "Tanrı dışında hiçbir töz bahşedilip kavranamaz" ve "Var olan her şey Tanrı içinde vardır ve Tanrı olmaksızın hiçbir şey ne var olabilir ne de kavranabilir." Bu vurucu beyanatlar, göründüklerinden daha az anlaşılırdır -ve yorumlandıklarında, çok daha az şaşırtıcıdır-. "Tanrı", "töz", kavrama" ve "içinde" terimlerinin tümü, Spinoza'nın felsefesinin teknik yanını oluşturmaktadır ve bu terimlerin yorumlanışı tartışma konusudur. Ethika'nın 1. Bölümü'nde, bu terimler anlamlarını büyük ölçüde, Tanrı'nın varlığı için sunulan ontolojik verinin detaylandırılmış bir türevinden alırlar.

Ontolojik veri, bir şeyin varlığını, o şeyin kavranışından hareket ederek kanıtlamaya çalışıyor gibi görünüyor. Tanrı'ya ilişkin "açık ve ayrık bir düşünce"den yola çıkan ve "açık ve ayrık" adımlarla ilerleyen ontolojik veri, dünya hakkında bir sonuca vararak, rasyonalist bir felsefe paradigması sağlıyor; yani, Tanrı vardır ve zorunlu olarak vardır. Daha önceki filozoflar ontolojik veriye, en azından bir şeyin (Tanrı'nın) varlığını kanıtlamak için başvururken, Spinoza bu veriyi, en iyi ihtimalle bir şeyin var olduğu ve bu yüzden var olan her şeyin, bir anlamda Tanrı "içinde" var olduğunu kanıtlamak üzere kullanır. Spinoza'nın vardığı bu sonucu anlamaktaki temel zorluk, "içinde" sözcüğünden kaynaklanmaktadır. Spinoza'nın, bu sözcüğü kullanış tarzı, anlamını, kısmen onun tuhaf değerlendirmeleri ve töz ile nitelik arasındaki ayırıma getirdiği kişisel revizyona, kısmen de Spinoza'nın felsefesinde, *Ethika*'nın ilk bölümü boyunca anlaşılmaz olarak kalacak kadar derine gizlenmiş olan dayanak noktalarına borçludur.

Gizli varsayım

Spinoza'nın felsefesindeki gizli varsayım, gerçeklik ile kavrayışın çakışması, yani düşünceler arasındaki ilişkilerin tam olarak gerçeklik içindeki ilişkilere tekabül etmesidir. Spinoza daha ileri bir noktada bu tezi kanıtlamaya ve kendi özgün "açık ve ayrık düşünceler" yöntemini haklı çıkaracak bir bilgi teorisi geliştirmeye çalışır. Ancak bu yöntem (veya ona benzer bir şey) bizzatihi kendi kanıtına dayandığı için, gizli varsayım, eninde sonunda herhangi bir varsayım olarak kalır.

Bazı sonuçlar daha *Ethika*'nın ilk bölümündeki belitlerde açıkça ortaya çıkmıştır. Spinoza burada (Belit 4) şunu iddia eder; "bir olayın bilgisi (*cognito*) bu olayın nedenine ilişkin bilgiye dayanır ve aynı şeyi içerir." Spinoza'ya göre, A olgusu B olgusuna yol açar demek, B olgusunun varlığı ve yapısı itibariyle A olgusuna bağımlı olduğunu söylemek anlamına gelir. Şeyler arasındaki bu bağımlılık, düşünceler arasındaki bir bağımlılık "içinde ifadesini bulur" veya yine bu bağımlılık "aracılığıyla kavranır." Eğer B olgusunun doğruluğu, A olgusu referans gösterilerek kanıtlanıyorsa, B olgusunun düşüncesi A olgusunun düşüncesine bağımlıdır. İşte bu yüzden, matematiksel bir kanıtın sonuçları dayanak noktalarına bağımlıdır. Gerçekten de, matematiksel muhakeme, düşünceler rasındaki "rasyonel bağımlılık" ilişkilesinin paradigmasıdır. B olgusunun varlığı ve yapısı A olgusuna dayanılarak açıklandığında, A olgusu ile B olgusu arasında kurulan ilişki aynı zaman da bir "nedensellik" paradigmasıdır. Kanıt aracılığıyla bir sonucu açıklarız ve eğer dayanak noktaları aşikâr ise, bu sonucu tamamen açıklarız.

Gizli varsayım, dünyadaki tüm bağımlılık ilişkilerinin, tıpkı düşünceler arasındaki mantıksal ilişkiler gibi anlaşılabilir olduğu anlamına gelir. Böylece, eğer herhangi bir şeyin nitelikleri o şeyin kendi düşüncesinden kaynaklanıyorsa, yani bir şeyi açıklamak üzere o şeyin düşüncesinin dışına bakmanız gerekmiyorsa, söz konusu şey bağımsızdır. Eğer B olgusunun yapısı B olgusunun düşüncesine değil de, A olgusunun düşüncesine dayanıyorsa, B olgusu A olgusuna bağımlıdır. Bu anlamda tüm nitelikler, içkin oldukları tözlere bağımlıdır veya bu tözler tarafından yaratılmaktadır. İşte Spinoza'nın "içinde" sözcüğü ile kast ettiği şey budur; "B olgusu A olgusunun içindedir" demek, A olgusu B olgusunun açıklamasıdır demenin bir başka yoludur.

Bir ampirisist, Spinoza'nın nedenselliği dünyadan koparıp onu bizim kavrayışlarımıza dayandırdığını ileri sürerek, Spinoza'nın felsefesini bu boyutunu şiddetle karşı çıkabilir. Ancak, dünyanın, bizim onu algıladığımız gibi olduğu hususunda elimizde ne gibi bir güvence bulunmaktadır? Spinoza böyle bir itiraza, yine bizim bilgi paradigmamızı ifade eden "açık ve ayrık düşünceler" yöntemine başvurarak karşılık verirdi. Hiçbir şey, aklın çıkış noktası olan aşikâr dayanak noktalarından daha kesin olamaz ve eğer bu dayanak noktaları gerçek için bir güvence sağlamıyorsa, başka hiçbir şey böyle bir güvenceyi sağlayamaz. Ne var ki, aşikâr bir gerçek, tam anlamıyla, düşünceden gerçekliğe geçişin tamamlandığı bir gerçektir; dünyanın, düşüncenin onu temsil ettiği gibi olduğunu, yine bu düşüncenin kendisinden anlarız. Aşikâr bir gerçek, "niçin?" sorusuna tam ve tatminkâr bir cevap vermemizi sağlamaktadır. Dünya kendisini böyle düşünceler aracılığıyla bize açıklar. Bu yüzden Spinoza, belitlerinde "kavrayış" nosyonunu kullanabilmekte ve bu nosyon aracılığıyla, dünyadaki şeylere bir tanım getirdiğine inanabilmektedir.

Ne var ki, belitler aşikâr olmaktan bir hayli uzaktır ve "yeterli" oldukları iddiası, belitlerin aşikâr olduğunu daha baştan varsayan tanımlardan başka bir şeye dayanmamaktadır. Bu zorluğun farkında olan Spinoza, bizi, kendi iç uyumuyla, bilgiye götürecek olan bir "anlayış geliştirme" yöntemi kurmaya girişir (*I*, çeşitli bölümlerde). Ancak bu yöntem, Spinoza'nın, dünyanın akıl tarafından kavranılabilir olduğu ve dünyanın nedenselliğinin gerçek anlamda "aklın nedenselliği" olduğu biçimindeki gizli varsayımını güçlendirmekte fazlaca işe yaramamaktadır. Bu yüzden, *Ethika*'da ortaya konulan kanıtları inceleyecek herhangi bir okur, önüne böylesine zorunlu bir şekilde konulan olağanüstü düşüncelerin bir kurgu mu yoksa bir gerçeklik mi olduğu hususundan asla emin olamaz.

Töz, görünüm ve nitelik

Spinoza, Maimonides'ten alınan şu tanımla konuya girer: "Nedeni kendinde olan'dan [*causa sui*], özü varlığında olan ve var olmadığı sürece yapısının kavranması mümkün olmayan şeyi anlıyorum" (*E* 1, Tanım 1). *Ethika*'da ortaya konulan bu tanım, kitabın ana temasını ve ayrıca dünyanın içindeki her şeyi ifade etmektedir. Bu tanımın ardından, "töz", "nitelik" ve "görünüm" arasında yapılan üçlü bir ayırım gelmektedir.

Töz, "kendi içinde olan, kendisi aracılığıyla kavranan" ve kavranması başka bir şeyin kavranmasını gerektirmeyen şeydir (*E* 1, Tanım 3). Başka türlü söylemek gerekirse, töz, hakkında "yeterli bir düşünce"ye sahip olabileceğimiz ve kendisi dışındaki herhangi bir şeye başvurmaksızın yapısını anlayabileceğimiz bir şeydir. Spinoza böylesine kavramsal bir şekilde bağımsız olan herhangi bir şeyin, aynı zamanda ontolojik olarak bağımsız olduğunu ve varlığı için, kendisinden başka hiçbir şeye bağımlı olmadığını savunur (*E* 1, 6). Böylece "varoluş tözün yapısına ait olmaktadır" (*E* 1, 7) ve her töz kendi içinde kendi yapısının ve varoluşunun eksiksiz bir açıklamasını taşımaktadır. Bu durumda töz zorunlu olarak "nedeni kendisinde olan"dır; tözün özünü onun varoluşu teşkil eder ve bu yüzden töz var olmadığı sürece kavranamaz. O nedenle, varoluş bilmecesine verilen ilk yanıt şudur; töz vardır ve zorunlu olarak vardır.

Spinoza'nın "töz" terimini kullanış tarzının, Aristotelesçi geleneğe uymadığı çoktan anlaşılmış olmalı. Aynı zamanda, Spinoza kendi kanıtlarını, daha önce ancak muğlak bir şekilde anlaşılmış olan bir düşüncenin kaçınılmaz mantıksal sonuçlarına dayanan kanıtlar olarak kabul ediyordu. Pek çok skolastik ve Kartezyen düşünür, tözlerin, gerçekliğin nihayi oluşturucusu olduklarını ve bu yüzden kendilerine-bağımlı olduklarını varsaymıştı. Ancak bu düşünürlerin göremediği şey, bu varsayımlardan çıkan sonuçtu; yani her türlü tözün *causa sui* olması ve bu yüzden zorunlu olarak var olması gerekliliği.

Töz ile nitelik arasındaki geleneksel ayırım, Spinoza tarafından, töz ile değişiklik veya görünüm (*modus*) arasındaki ayırım olarak yeniden tanımlanmıştır (Spinoza "nitelik" terimini farklı -ve tamamen kendine has- bir biçimde kullanır). Görünüm, kendi başına var olamayan ve ancak bağımlı olduğu başka bir şeyin içinde var olandır. Spinoza daha önceki yazmalarında, tözler ve görünümler dışında başka hiçbir şeyin var olmadığı biçimindeki ilkesini tekrar tekrar dile getirir (*M* Bölüm 1, Kısım 1; Bölüm 2, Kısım 1; *C* XII). Ne var ki, görünümleri, niteliklerin ve ilişkilerin mantıksal kategorisi ile sınırlamaz; görünümler bireysel şeyleri içerirler. Sen ve ben, ikimiz de kutsal tözün görünümleriyiz, çünkü ikimiz de var olmayan şeyler olarak kavranabiliriz ve bu yüzden varoluşumuzun açıklamasını kendimiz dışındaki başka bir şeye borçluyuz. Böylece biz kendine-bağlı değiliz ve eğer buna rağmen var oluyorsak, dışımızdaki başka bir güç sayesinde var oluyoruz. Bu tanım gözönünde bulundurulduğunda, görünümün kategorisi son derece geniştir; görünüm (gündelik dilde) nitelikleri (bu kitabın kırmızı olması); ilişkileri (bu kitabın diğer kitaplardan daha küçük oluşu); olguları (bu kitabın var olduğu olgusu); süreçleri (bu kitabın yavaş yavaş dağılması); ve bireyleri (kitabın kendisi) içermektedir. Bu kategoriler arasındaki ayırımların tümü Spinoza için önemsizdir; hepimiz de "insanın dilinden" gelmemize rağmen, Spinoza, sonlu "görünümleri" yine de "sonsuz görünümler"den ayırmakta ve burada sonsuz görünümler, her sonlu görünümde göze çarpan töz değişimleri olmaktadır (Spinoza'nın bu konuda verdiği iki örnek -"devinim ve hareketsizlik" ile "evrenin bütün çehresi"- onun, aşağıda ele alacağım fiziğinin temelini oluşturmaktadır).

Spinoza'nın felsefesinin bu bölümü, en iyi şekilde onun kendi sözleriyle özetlenebilir:

> Töz terimi ile, kendisi aracılığıyla ve kendi içinde kavranan şeyi kastettiğimi söylediğimde; ve değişiklik ya da rastlantı derken, başka bir şeyin içinde olan ve içinde bulunduğu o şey aracılığıyla kavranan şeyi kastettiğimi söylediğimde, açıktır ki bundan, tözün doğası gereği rastlantılarından önce geldiği sonucu çıkar. Çünkü töz olmadan rastlantı ne var olabilir ne de kavranabilir. İkinci bir sonuç da, akıl için, tözlerden ve rastlantılardan başka hiç bir şeyin gerçekte ya da dışsal olarak var olmadığıdır. (*C* IV)

Rasyonel bağımılık ilişkisini belirtmek üzere "içinde" sözcüğünün kullanım tarzını anladığımızda, böylesi pasajlar, içerdikleri gizli varsayımı içeren bir okur için bile özel bir zorluk yaratmaz.

Spinoza'nın felsefesini anlamanın önündeki tek ve en büyük zorluk "nitelik" teriminin yarattığı zorluktur. Bir nitelik "akıl tarafından, tözün özünü teşkil eden şey olarak algılanandır" (*E*1, Tanım 4) ve birden fazla -muhtemelen sonsuz sayıda- "nitelik" vardır. Öte yandan, bir nitelik, basit bir öznel boyut, yani şeylerin özel bir bakış açısından görünüş biçimi değildir. Çünkü, "akıl tarafından, tözün özünü teşkil eden şey olarak algılanan" şey, gizli varsayım aracılığıyla, gerçekten de tözün özünü teşkil eder. Böylece, bir tözün iki veya daha fazla niteliğe sahip olduğu iddiası, tözün özünün iki farklı biçimde kavramsallaştırılabileceği iddiasına eşdeğerdir; bu ise son derece kafa karıştırıcı bir düşüncedir. Bu açıdan bakıldığında, iki insandan her biri, bir şeyin temel yapısının tam bilgisine erişebilir ve buna rağmen her biri o şey hakkında birbiri ile tamamen uyumsuz olan değerlendirmelerde bulunabilir.

Spinoza'nın teorisi, ona felsefi bir tümdengelim paradigması sağlayan bir argüman sayesinde bir parça aydınlanmıştır. Descartes, *Düşünmeler* adlı eserinin ünlü bir pasajında şu muhakemede bulunmuştu: Bir balmumunu düşünün; belli bir biçimi, hacmi, rengi ve kokusu vardır; kısacası, görme, dokunma, tat ve koku yetileri tarafından kavranılabilen bir dizi "duyumsal niteliklere" sahiptir. Ancak balmumunu ateşe yaklaştırdığımda, renginin, biçiminin, sertliğinin, kokusunun -yani onu ayrımsamamı sağlayan tüm o niteliklerinin- değişime uğradığını görüyorum. Buna rağmen balmumu var olmaya devam eder; bu dönüşümde, gerçekliğin hiçbir oluşturucusu ortadan kaldırılmamıştır. Bundan şu sonuç çıkar, diye savunuyordu Descartes; balmumu duyumsal niteliklerine yalnızca rastlantısal olarak sahiptir -yani bu nitelikler onun "doğasına" veya "özüne" içkin değildir.

Bu yüzden böyle bir nesnenin duyumsal nitelikleri, söz konusu nesnenin özünü bulanık veya muğlak bir şekilde algılamamızı sağlayan geçici rastlantılardan başka bir şey değildir. Eğer balmumunun özünü bilmek istiyorsak, duyulara değil, şeylerin özünü kavrama yetisine sahip yegâne şey olan akla başvurmamız gerekmektedir. Balmumunun gerçekte sahipmiş gibi göründüğü nitelikler yalnızca uzam, esneklik ve boşlukta hareket etme niteliğidir. Bu noktadan hareketle, maddi tözlerin (örneğin balmumunun) özleri itibariyle uzamlaştıkları ve maddi tözlerdeki değişimlerin, onların uzamsal düzenlenişlerindeki değişimler olduğu sonucuna varabiliriz. Böyle bir sonuç bizi fizik bilimlerinin ilk ilkesine götürür ki, Descartes, Euclid geometrisine getirdiği yorumla, bu ilke tarafından bir kez daha doğrulanmıştı. Zira Euclid, sanki, uzay hakkında "açık ve ayrık bir düşünceye" sahip olduğumuzu ve bu yüzden, duyumsal deneyime başvurmayan tümdengelimci bir bilim sayesinde, uzayın niteliklerinin tüm bilgisine akıl aracılığıyla ulaşabileceğimizi göstermiş gibiydi. Yapılacak tek şey, uzayda "yer kaplayan" bir şeyin niteliklerinin benzer tümdengelimci bir açıklamasıyla, bu bilimi tamamlamaktır; "uzayda yer kaplayan" bu şeyin özü uzayın içinde olacak, uzaya bağlı olarak değişecek; ve "uzamsallaştırılan" bir şeyin özüne sahip olacaktır.

Spinoza'nın, uzamı da kapsayan nitelikler teorisinin kökeninde böyle bir rasyonalist felsefe paradigması bulunmaktadır. Uzaydaki şeyler *a priori* olarak anlaşılabilir ve özellikle de uzam kendisine sahip olan her türlü şeyin özünü teşkil ettiği için, şeylerin yapısı akıl için açık hale gelir. Akıl uzamı kavramakla, kendisini kavrayan sonlu zihinden bağımsız olarak var olan "gerçek bir özün" bilgisine ulaşır. Akla, bir şeyin yapısını algılamasını sağlayan eksiksiz bir kavrayış bahşedilmiştir; uzamsallaştırılan şeylerin temel niteliklerini eninde sonunda ortaya çıkaran bir kavrayıştır bu. Bir nitelik, böylesine bütünlüklü ve sistematik bir kavrayış boyunca, akıl tarafından gerçekliğe "atfedilen" şeydir. İki niteliğin var olduğunu söylemek, dünyayı, birbiriyle tamamen uyumsuz olan iki biçimde bilebileceğimizi söylemektir.

Ontolojik veri

Spinoza Tanrı'yı, "her biri ebedi ve sonsuz özü ifade eden sonsuz niteliklerden oluşan bir töz" olarak tanımlar ve şunu savunur; böyle bir varlığın var oluşunu engelleyebilecek hiçbir "sebebin veya aklın" bahşedilmesi mümkün olmadığı için, bundan Tanrı'nın zorunlu olarak var olduğu sonucu çıkar. Zira, var olmak Tanrı'nın doğasında bulunduğu için, Tanrı, engellenmediği sürece var olmalıdır ve zaten Tanrı engellenemez.

Spinoza'nın da farkında olduğu gibi, aynı şey herhangi bir töz için de geçerli olabilir; çünkü töz, kendi içinde (kendi düşüncesi içinde) kendi var oluşunun eksiksiz bir açıklamasını taşıyan şeydir. Töz, ontolojik bir veri tarafından var olduğu gösterilen her türlü şeydir. Var oluşunu "dışsal bir nedene" borçlu olan herhangi bir şey zorunlu olarak bir töz değil, bir görünümdür. Bunun da ötesinde, töz, her zaman "kendi türü içinde sonsuzdur"; yani, kendisiyle aynı yapıya sahip olan hiçbir şey tarafından sınırlandırılmamıştır (zira sınırlandırılmak demek, "dışsal bir sebep" tarafından etkilenmek demektir). Böylece her töz zorunlu ve sonsuz bir şekilde var olmaktadır.

Rasyonalizmin gizli dayanak noktası Spinoza'nın, yalnızca bir tek töz bulunduğu sonucuna varmasına yol açtı. Zira, bir tözün varlığını o tözün yapısı aracılığıyla açıklayabildiğimiz halde, Spinoza aynı türden olan birden fazla tözün varlığına, böylesi hiçbir *a priori* açıklamanın getirilemeyeceğine inanıyordu; "çoğul bir varoluşa sahip olarak kavranan her şey, kendi doğasının gücü tarafından değil, zorunlu olarak dışsal sebepler tarafından yaratılmış olmalıdır" (*C* XXIV). Ve eğer belirli bir töz başka bir biçimle -yani Tanrı'nın sonsuz mükemmelliğinden yoksun olan bir biçimle- varolmuşsa, varlığını zorunlu olarak Tanrı'ya borçlu olacak ve bu yüzden, bir töz değil, Tanrı'nın bir görünümü olacaktır (nihayi açıklaması Tanrı'nın doğasında bulunmayan bir şeyin var olması, Tanrı'nın doğasının sınırlanması anlamına gelirdi: fakat Tanrı, hipotezler itibariyle sınırsızdır).

İşte bu nedenle, Tanrı dışında hiçbir töz bahş edilemez. Spinoza, Tanrı dışındaki başka bir tözün zaten kavranamayacağını da sözlerine ekler (*E* 1, 14); çünkü bir tözü kavramak, o tözü var olan (her biri *causa sui* olan tözler) olarak kavramak ve bu yüzden -ontolojik veri aracılığıyla- o tözün varlığını kanıtlamak anlamına gelir. Böylece, "Var olan her şey, Tanrı içinde vardır ve Tanrı olmaksızın hiçbir şey ne var olabilir ne de kavranabilir." Bu önermedeki "içinde" ve "kavramak" sözcüklerinin teknik anlamını anladığımızda, önermenin vardığı sonuç kaçınılmaz görünüyor ve Spinoza'nın -benim ortaya koyabildiğimden çok daha karmaşık olan- kanıtları, bu önermenin, varoluş bilmecesine verilen tam ve tek cevabı içerdiği hususunda onu tatmin etmişti.

Ontolojik veriyi kabul eden her rasyonalist, Spinoza'nın vardığı birci (monistik) sonucu aynı şekilde benimsememişti. Örneğin Leibniz, rasyonalist varsayımı çoğulcu bir evren teorisiyle uzlaştırmaya çabalamış ve Tanrı'nın yanı sıra, Tanrı'nın yaratımının gerçek dünyasını teşkil eden "mümkün olabilen dünyaların en iyisine" dahil olan bir töz sonsuzluğunu savunmuştu. Ancak, Leibniz'in de kabul ettiği gibi, bu ayrı tözler arasında hiçbir etkileşim olamaz, bir töz başka bir töze hiçbir şekilde bağımlı olamaz, onların görünüşteki denkliği hiçbir şekilde birbirinin açıklaması olamaz ve en önemlisi de, aralarında hiçbir gerçek ilişki bulunamazdı. Ve birbirleri ile tamamen ilişkisiz olan sonsuz miktardaki tözlerden oluşan bir evren tablosu, en azından Spinoza'nın birciliği kadar anlaşılmaz olduğu gibi, böyle bir tablonun görünümlerle bağdaştırılması çok daha zordur.

Burada bir nitelendirmeyi belirtmek gerekiyor. Spinoza, Tanrı'nın "birliği"nden söz etme konusunda bizi sık sık uyarır. Tanrı'yı "bir veya tek" olarak adlandırmak, Tanrı'nın sayılabileceğini ima etmek anlamına gelir; sanki, evrenin öğelerini sayarken, birinci sayıda duruyormuşuz gibi (*C* L). Ancak sayının, şeylerin özü ile ilgisi yoktur; sayı daha ziyade, bizim şeyleri sonlu bir şekilde anlamamızla ilintilidir ve şeylerin doğasının hiçbir *a priori* açıklamasını sağlayamaz. Bu düşüncenin kökeni, sayının "insanın diline" ait olduğunu ve bu yüzden Tanrı'ya ancak negatif bir şekilde uygulanabileceğini savunan Moses Maimonides'e (Şaşkınların Klavuzu, i, 51-7) dayanır. Ancak Spinoza Maimonides'ten daha da ileriye giderek, bu ve benzeri gözlemler üzerinde, özgün ve etkili bir aritmetik felsefesi inşa etti; ve bu felsefeye göre sayı, gerçeğin herhangi bir niteliğini değil, insan algısının bir özelliğini temsil etmektedir. Bu felsefe hakkında aşağıda daha fazla şey söylemem gerekecek.

Tanrı'nın nitelikleri

Nitelik, "tam ve yeterli bir Tanrı düşüncesi" ile ortaya konulan ve "yeterliliği" nedeniyle, Tanrı'yı özünde olduğu gibi gösteren şeydir. Bu yüzden nitelik, temel bir özellikten çok daha fazlasıdır. Ben bir hayvanım ve aynı zamanda bir insanım; eğer bu özelliklerden herhangi birini kaybedersem, artık var olamam ve bu yüzden bu özelliklerimden her biri temel bir özelliktir. Ancak bu özelliklerin hiçbiri, bir niteliğin Tanrı'nın özünü teşkil ettiği biçimde "benim özümü teşkil etmez." Tanrı'nın nasıl olup da birden fazla niteliğe sahip olduğunu, yani onun özünün nasıl olup da birbirleriyle tamamen uyumsuz olan birkaç biçimde oluşturulduğunu anlamak son derece zordur.

Spinoza Tanrı'nın iki niteliğini saptamıştır; düşünce ve uzam. Birincisi düşünce sistemi, ikincisi ise fiziksel nesneler sistemidir. Mevcut fizik bilimimiz, tümdengelimci bir sistem değil, "sonlu görünümlerin" gözlemlenmesi üzerinde inşa edilmiş bir genellemeler dizisidir. Buna rağmen, "sonsuz görünümleri" bir yasa gibi tanımlarken kullandığımız temel yöntem, tümdengelimci bir bilim olasılığını öngörür. Böylesi bir "uzam bilimi" kendine-bağlı bir totalitenin tam bilgisini sağlayacaktır. Bu bilimin aşikâr dayanak noktalarından yola çıkarak, tümdengelimci veri aracılığıyla, tüm bağımlılık ilişkilerinin (yani "nedensel yasaların") saptanabileceği ayrıntılı bir dünya tanımına ulaşılabilir. Bu yüzden fiziksel (yani uzamsallaştırılmış) dünya, herhangi bir fiziksel olayı açıklamak için başka bir araştırma yapmamızı gerektirmeyen bir öz-yeterlilik sisteminin karakterine sahip olmalıdır. İdeal bir fizik (uzam) bilimi bize bir özün bilgisini sağlayacağından, aynı zamanda o özün içinde bulunduğu tözün bilgisini de sağlamış olacaktır. Bundan, uzamın Tanrı'nın bir niteliği olduğu sonucu çıkar.

Descartes, tıpkı Spinoza gibi, fiziksel dünyayı tek ve tözel bir sistem olarak görmüştü. Ne var ki, Descartes, zihnin dünya içindeki yerini değerlendirememişti. Zihinsel süreçlerimizin (düşüncelerimizin), herhangi bir fiziksel tözün değişimleri olmaktan ziyade, nedensel bağlantılarla fiziksel dünyaya bağlandıkları anlaşılıyor. Bu zihinsel süreçler, diye savunuyordu Descartes, temelde fiziksel değildir, biçime, sınırlara veya hareket kabiliyetine sahip değildir. Bununla birlikte, eğer A ile B tek bir tözün değişimleri ise, ancak o zaman aralarında nedensel bir ilişki bulunabilir. Peki öyleyse, akıl ile beden arasında ne tür bir ilişki bulunmaktadır?

Descartes'ın yumuşattığı bu sorun, Kartezyen sistemin yarattığı tatminsizliğin başlıca nedeni haline geldi. Spinoza düşüncelerin ve fiziksel nesnelerin tek bir tözün değişimleri olduklarını, ancak şimdilerde, iki ayrı ve uyumsuz biçimde, zihin, madde veya uzam olarak kavrandıklarını savunarak, sorunu kendi çarpıcı yöntemiyle çözdü. Bizler düşüncelerden söz ederken, başka bir niteliği aracılığıyla Tanrı'dan söz ediyor ve bütün hakkında yeni bir tam ve *a priori* bilimi ima ediyoruz. Bireysel düşüncelerin yapısı hakkında sahip olduğumuz açık ve kesin kavrayış, zihinsel bir *a priori* sistemin (yani zihinsel anlamda kavranmış bir gerçeklik sisteminin) en azından *a priori* bir fiziksel sistem (uzam olarak kavranan bir gerçeklik sistemi) kadar gerçek bir olasılık olduğunu göstermektedir.

Spinoza'nın bu dâhice çözümü beraberinde iki yeni sorun getirmektedir. Birincisi, Tanrı'nın kaç niteliği vardır? İkincisi, Tanrı'nın birden fazla niteliği olduğunu söylemek tam olarak ne anlama gelir ve bu durum Spinoza'nın, gerçekliğin bir olduğunu savunan teorisi ile nasıl bağdaşmaktadır? Bu sorulardan ikincisi, kitabın bir sonraki bölümünde bizi meşgul edecektir. Ne var ki, birinci soru, burada bazı açıklamalarda bulunmamızı gerektiriyor.

Spinoza Tanrı'yı "her biri ebedi ve sonsuz özü ifade eden sonsuz niteliklerden oluşan bir töz" olarak tanımlar (*E* 1, 11). Bu tanım Spinoza'nın yazışmaları boyunca (örneğin *C* II) çeşitli biçimlerde tekrarlanmasına rağmen, hiçbir zaman, Spinoza'nın, ilk "sonsuz" olayla, "sonsuz çoklukta" demek istemediğini gösterecek biçimde kullanılmamıştır. Buna rağmen Spinoza yalnızca bu türden iki nitelikten söz eder. Bu yüzden Spinoza'nın bu tanımı hakkında yorumcular görüş ayrılığına düşmektedir. Spinoza gerçekten sonsuz miktarda nitelik bulunduğunu mu kast ediyor, yoksa her niteliğin kendi yapısı itibariyle bir anlamda sonsuz olduğunu mu kast ediyor? (Tıpkı *E* 1, 9 gibi, *S* 19 ve 34 de muğlak olmayan bir şekilde ilk yoruma işaret ediyor.) Spinoza Tschirnhaus ile sürdürdüğü yazışmalarda ilk yorumu savunmakla beraber, adeta bilginlerin kaygılarını doğrularcasına, son derece muğlak terimler kullanır. Sonsuz miktarda nitelik bulunduğunu tekrarlar (*C* LXIV) ancak -insan bedeninin (aşağıya bkz.) düşüncesi olan- insan zihninin bu niteliklerden yalnızca iki tanesini, yani (ifadesini bedende bulan) uzam ile (ifadesini bedenin düşüncesinde bulan) düşünceyi bilebileceğini savunur. Bu ise, ne anlaşılabilir ne de samimi bir açıklamadır.

Konunun özüne girmek gerekirse, Spinoza'nın görünüm argümanı sayısal sonuçlar ortaya çıkaramaz; Spinoza bir türe ait olan bir şeyin bulunduğunu veya bir türe ait olan sonsuz şeyler bulunduğunu ya da hiçbirinin bulunmadığını kanıtlayabilir (*E* 1, 8, Skolia 2). Ancak Spinoza'nın bunu yapabilmesinin nedeni, "bir", "sonsuz" ve "hiçbiri" terimlerinin Spinoza için sayıları değil, ontolojik kategorileri ifade etmesidir; bu kategoriler, bağımsız varoluş, "sınırsızlık" ve varolmayıştır. Bu yüzden yalnızca iki nitelik olduğu olgusunu ispat edecek *a priori* kanıtların bulunması imkânsızdır. Aynı zamanda, eğer Spinoza bu noktayı savunacaksa, "sonsuz" olan "en azından iki" ile bağdaşmalıdır; bu yüzden "sonsuz olan" belirli bir sayısal yoruma sahip olmalıdır. Ne var ki, Spinoza bir kez daha, sanki sayı şeylerin doğasında değilmiş, tersine bizim hayal gücümüz tarafından onlara dayatılmış gibi hareket ediyor (aşağıya bkz.)

Burada, Spinoza'nın önüne oldukça ciddi zorluklar çıkaran bir husus söz konusudur. Ve gerek Tschirnhaus'a yazdığı mektupta gerekse de sonsuzluk kavramını daha geniş bir şekilde kullanış tarzı itibariyle, konuyu yumuşatan kişi bu kez Spinoza'dır. Üstelik, bu büyük ve rahatsız edici boşluğu içeren sistem yalnızca Spinoza'nın sistemi de değildir. Çeşitli yorumcuların bu boşluğu doldurma girişimleri, bilimsel çalışmalar tarihi boyunca, en can sıkıcı, usandırıcı ve beyhude ikincil literatürlerden birinin ortaya çıkmasıyla sonuçlanmıştır. Ben bu yüzden, söz konusu sorunun çözümsüz olduğunu söylemekle yetineceğim.

Tanrı ya da Doğa

Spinoza'nın teorisinden çıkan sonuca göre, Tanrı doğadan ayrık değil, tersine doğa ile özdeştir. Ancak Tanrı insan zihni tarafından iki ayrı biçimde algılanmaktadır; kutsal zihin ve onun bir parçası olan kendi zihnimiz üzerinde düşünürken ya da aynı şekilde fiziksel dünyanın yapısını araştırırken, sahip olduğumuz Tanrı bilgisini ilerletiyoruz. Bu bilgi için yapılan her şey iyidir ve kurtuluşumuz için yapılmıştır.

Spinoza birciliğini ünlü bir sözce ile ifade eder; dünya "*Deus sive Natura*"dır yani "Tanrı veya Doğa"dır. Bu açıklama Spinoza'nın hem bir ateist hem de bir panteist olarak, hatta -Novalis'in ünlü deyimiyle- doğanın her tarafından kutsal bir destek alan "Tanrı-sarhoşu bir insan" olarak değerlendirilmesine yol açmıştı. Sınırlı bir tanrı öğretisi ortaya koydukları için, her iki açıklama da Spinoza tarafından reddedilecekti. Tıpkı fiziksel dünya anlayışının özünde teolojik olması gibi, Spinoza'nın teolojisi de geçekte kişisel olmayan bir teolojidir. Her türlü nedensellik mantıksal bir paradigmaya itaat eder ve her türlü açıklama aslında bir tür kanıttır. Bu yüzden, şeylerin nedenselliğini anlamak, sonsuz bir zihin tarafından yürütülen karmaşık bir zihinsel işlemi anlamak demektir.

Bunu çeşitli sonuçlar izler. Birincisi, Tanrı her şeyin "yaratıcısı" değil, her şeyin "her yerde hazır ve nazır olan" nedenidir; yani, kendi yarattığı dünyanın içinde bulunmaktadır, onun ötesinde değil (*E* 1, 18, *S* 30, 34, 36 ve devamı). Daha da önemlisi, nedensellik bir tür gereklilik olduğu için ve kutsal doğa sonsuz ve zorunlu biçimde olduğu gibi olduğu için, dünyada yaşanan tüm olaylar zorunlu olarak yaşanmaktadır. Düşünce dünyasında olduğu gibi, fiziksel dünyada da az miktarda özgürlük bulunmaktadır ve herhangi bir sebepten doğan sonuç, matematiksel bir kanıtın katı zorunluluğunu içerir. Bunun da ötesinde, insanın her eylemi, Tanrı'nın bir görünümü olarak, koparılması mümkün olmayan aynı zorunluluklar zincirinden doğar ve bu yüzden, "değişiklik" ile "özgürlük" gibi düşüncelere, günlük dilde sahip oldukları anlam atfedilemez. Şeylerin başka türlü olması, ancak Tanrı'nın da başka türlü olmasıyla mümkün olabilirdi (*S* 44): ne var ki, bu, başka bir töz olasılığını varsaymak anlamına gelir ve böyle bir varsayım tamamen tutarsızdır.

Varılan bu sonuçlar, daha baştan sezgiselliğe terstir. Ancak durum göründüğünden daha kötüdür. Zira, Spinoza'nın dünyasında gerçekte hiçbir olayın "yaşanmadığı"nı gösteren güçlü bir anlayış söz konusudur. Tanrı, gerçekten de, her şeyin nedenidir, ama "sonsuz" nedendir. Doğru bir şekilde anlaşıldığında, Tanrı değişime iştirak etmez. Tanrı zamanın "içinde" değildir ve gerçek Tanrı bilgisinde, zaman anlayışının hiçbir önemi yoktur. Dünyayı "değişim" ve "süreç" aracılığıyla anladığımıza rağmen, bu tanımlar, kutsal öze değil, yalnızca Tanrı'nın görünümlerine aittir. Ve bu tanımlar yalnızca, dünya hakkında tam veya yeterli bir düşünceye sahip olmayanların kısmi ve muğlak algılarını ifade eder. Tanrı'nın "sonsuz görünümleri" hakkında bir değerlendirmede bulunmak üzere, eksiksiz bilimsel bir yöntem eşliğinde bu kısmi algıları gerçekten de kullanabiliriz. Ve bunu yapmakla, dünyayı, kamuya göründüğünden çok daha bütünlüklü bir şekilde açıklamış oluruz. Buna rağmen, şeyleri nihayi olarak açıklayabilmek için, bu şeyleri, zaman içinde kendilerinden önce gelen başka şeylerle ilintilendirmemeliyiz -zira bu yalnızca bir görünümü başka bir görünümle ilintilendirme anlamına gelir; bunun yerine, şeyler ile Tanrı'nın sonsuz özü arasındaki zamandışı ilişkiyi ortaya koymalıyız. Bu yüzden, ideal bir bilim, tıpkı gerçek bir din gibi, dünyayı zamansal boyutuyla değil, tersine, matematiksel bir kanıt tarzında, "sonsuzluk boyutu altında" (*sub specie aeternitatis*) görmeyi amaçlayacaktır.

Tanrı biricik "özgür" nedendir, çünkü yalnızca o kendisini-yaratan'dır. Tanrı'yı bu şekilde düşündüğümüz sürece, doğayı, kendi içinde ve kendisi aracılığıyla anlaşılabilen ve Spinoza'nın skolastik deyimiyle *natura naturans* olan aktif ve yaratıcı bir ilke olarak kavrarız. Ancak dünyayı aynı zamanda, bir yaratımın ürünü, tek ve gerçek bir tözün sonsuz ve sonlu görünümlerinin yaratıcı çabasının bir sonucu olarak da ele alabiliriz; yani *natura naturata* olarak (*E* 1, 29, Skolium). Bu iki düşünce arasında hiçbir çelişki yoktur; bu düşüncelerden her biri, birbirleriyle çelişen iki yaklaşımdan, aynı özdeş gerçekliğe ulaşmaktadır. Filozof ile bilim adamı dünyanın farklı özelliklerini vurgular, farklı ilgi odaklarına yönelir ve ruhun farklı tutkularına ilham verir. Ancak her durumda, onların çalışmalarının amacı aynıdır; eksiksiz bir Tanrı bilgisinde bulunan en yüce iyi (özellikle bkz. *S* 8. ve 9. bölümler).

Öyleyse, Spinoza'nın metafiziğinin ulaşmak istediği sonuç bu olsa gerek: Kendi kendisini içeren, kendi varlığını sürdüren, kendi kendisini açıklayan ve dünyayı teşkil eden bir sistem, yani bir tek töz dışında, başka hiçbir şey yoktur. Bu sistem, birbirinden farklı olan pek çok biçimde anlaşılabilir; Tanrı veya Doğa olarak; zihin veya madde olarak; yaratan veya yaratılan olarak; sonsuz veya zamansal olarak. Söz konusu sistem, yeterli ve açık bir şekilde nitelikleri aracılığıyla, kısmi ve muğlak bir şekilde de görünümleri aracılığıyla kavranabilir. Ve bu sistemi, sonsuzluk boyutu altında, bir bütün olarak kendi totalitesi içinde anlamak, aynı zamanda, dünyadaki her şeyin zorunluluktan dolayı var olduğunu ve bu durumun başka türlü olamayacağını bilmek anlamına gelir.

Spinoza metafiziğinin yorumu

Spinoza töz anlayışını, entelektüel kökeninden ayırır. Spinoza'nın yazmalarında, bir töz artık "bireysel bir nesne" veya normal bir düşünce konusu değildir. Tanrı, gerçek tanımı itibariyle "bireyleştirilmemiştir", çünkü Tanrı'yı ayırabileceğimiz başka herhangi bir varlığı kavramak imkânsızdır. Nicelik ile dönüşümün, nitelik ile sınıflandırmadan önce geldiği yeni yedinci yüzyıl bilimi tarafından oluşturulan kavramlar sayesinde "tözü" anlamak belki de daha kolaydır. Bir önceki bölümde de belirttiğim gibi, dünyanın içerdiği şeyleri yalnızca bireysel şeyler olarak değil, aynı zamanda maddeler olarak (terime atfettiğimiz daha alışılmış modern bir anlamla "tözler") olarak tanımlıyoruz. Dünyadaki tüm dönüşümlerin bir tek maddenin dönüşümleri oldukları görüşü bağlamında, Spinoza'nın birciliğinin modern bir karşılığı bulunmaktadır; bu karşılık, Newtoncular için madde, Planck ile Einstein'ın taraftarkârı içinse enerjidir. Spinoza'nın, "devinim ile hareketsizlik"i temel değişken olarak kabul etmekle ve "nesnelerin, içlerinde bulunan devinim ve hareketsizliğe bağlı olarak birbirlerinden ayrıldıklarını" savunmakla, zaman zaman Einstein'a daha fazla yaklaştığı düşünülür (*E* 2, 13). Ne var ki, Spinoza'ya göre, buradaki "devinim ve hareketsizlik", tözün bir niteliği değil, "sonsuz bir görünüm"dür; başka türlü söylemek gerekirse, nihayi gerçeğe her noktada içkin olan, ama onunla tükenmeyen bir şey. Uzam (nitelik) aynı zamanda, "devinim ve hareketi üreten güç" olarak da görülebilir (S, 120).

Tanrı'nın birliği ve kendi kendisini yaratması bağlamındaki düşüncelerin modern bilimde de çeşitli karşılıkları bulunmaktadır ve yukarıda girişilen yorumdan hareketle, bu karşılıklar şu görüşlere tekabül etmektedir; (1) dünyadaki tüm nesneler eksiksiz bir nedensel etkileşim içindedir; (2) evren, içerdiği herhangi bir şeyin nedenini, daha ötesinde araştıramayacağımız (ve [1]'deki gerçek dikkate alındığında, araştırmamamız gereken) kapalı bir sistemdir. "Niçin?" sorusuna, dünyanın gerçek sisteminden söz edilmeksizin hiçbir cevap verilemez ve -yaratılmış şeylere "insanüstü bir nedensellik" bulmak üzere- bu sistemin ötesine geçme girişimi doğal olarak anlamsızdır. Kendi doğasını tanımlayan tek bir yasalar dizisine itaat eden tek bir madde, gözlemlediğimiz tüm diğer maddeleri doğurur. Bilimin görevi, her türlü olayın kesin olarak açıklanabilmesi için, bu tözün eksiksiz bir tanımını ve ona uygulanan yasaları ortaya koymaktır. Daha da önemlisi, töze getirilen tanımlar ile tözü yöneten yasalara getirilen tanımlar, iki değil, tek tanımdır: uzamın (madde, enerji) nihayi niteliklerini ortaya koymak, aynı zamanda, uzamsallaştırılan tüm şeyleri yöneten yasaları ortaya koymak anlamına gelir.

Spinoza'nın teorisinin böylesi bir "çevirisi", çağdaş yorumculardan belirli bir onay görmüştür; bunun kısmi bir nedeni, Spinoza'nın felsefesinin geri kalan bölümünün böylelikle, bilimsel insan için, yararlı bir ahlak haline getirilmesidir. İlk bakışta göze çarpan görüntü, Novalis ile Goethe'nin sempatisini kazanan "Tanrı-sarhoşu" bir panteist görüntüsünden bir hayli uzaktır. Ama belki de sadece ilk bakışta. Einstein'ın İzafiyet Teorisi'ni, sakin bir dini inanç üzerinde inşa ettiğini hatırlamak gerekiyor; tam da yukarıda özetlediğim varsayımlardan yola çıkan ve yaratıcısına, Tanrı'nın yöntemlerini insan için meşrulaştırıyormuş gibi görünen bir teori.

Ne var ki, gerçek yorum güçlüğü, Einstein ile yapılan kıyaslamadan doğmaktadır. Modern fiziğin temelinde, uzay, zaman ve sayı bulunur; peki tüm bunlar Spinoza için neyi ifade eder? Özellikle zaman, bir metaforun biraz fazlasından ve tüm deneyimlerimiz boyunca cereyan eden kapsayıcı bir konuşma biçiminden başka bir şey değildir; deneyimimiz nihayi gerçeğin yalnızca "yetersiz" bir klavuzu olduğu için. Bu zorluğa geri dönmeden önce, kendi metafiziği tarafından yaratılan sorunlar içinde Spinoza için en önemli olan sorunu ele almak gerekiyor; bu, insanın doğa içindeki yeri sorunudur.

4. İnsan

Spinoza'nın varoluş bilmecesine verdiği cevap kısaca şöyle ifade edilebilir; var olan her şey, tam bir karşılıklı bağımlılık içinde, zorunlu olarak var olmaktadır. Ancak bu cevaptan çıkan metafizik beraberinde, insanın kendisini anlaması bakımından bazı rahatsız edici imalar getirmektedir. Zihinsellik, bir bakıma insanların ayırt edici özelliği olabilir; ne var ki, dünyadaki her şey, hem bir düşünce olarak hem de fiziksel bir nesne olarak ifade edilebilir ve düşünceler ile uzamsallaştırılmış şeyler arasındaki ilişkinin kavranması, *Spinoza*'nın nitelikler teorisi tarafından daha kolay değil, daha zor hale getirilmektedir. Bunun da ötesinde, *Spinoza*'nın birciliği, oldukça paradoksal bir insan düşüncesine yol açmaktadır. Bu düşünceye bakılırsa, bireysel insan bir birey bile değildir. Ne de birey olan başka bir şey vardır. Kişinin kimliğinin, farklılığının ve öz-yeterliliğinin *Spinoza* tarafından tamamen yadsındığı anlaşılıyor ve insanın, doğanın bir parçası olarak, şeylerin şemasında, kayalardan ve taşlardan daha önemli olmayan bir özellik olduğu görülüyor.

Nihayet, her şeyin zorunlu olarak var olduğu iddiasının bir bütün olarak ahlaklılığı şüphede bıraktığı anlaşılıyor. "Ben ne yapacağım?" sorusunun *Spinoza* için herhangi bir anlam taşıyıp taşımadığı açık değildir. Zira -Tanrı'nın ne bireyselliğe ne de kendine-bağımlılığa sahip olmayan kısa süreli bir görünümü olan- "ben" bir sorunsal olduğu gibi, böyle bir varlığın esasen herhangi bir şey yaptığı önermesi de bir bütün olarak anlamsızdır, çünkü hiçbir şeyde en ufak bir tercihe sahip değildir.

Spinoza'nın felsefesinin en özgün bölümü, onun, çerçevesini çizdiğimiz üç sorunu -akıl ile beden sorunu, bireysel varoluş sorunu ve özgürlük sorunu- çözme ve böylelikle, mutluluk arayışını Tanrı bilgisiyle bağdaştırma girişiminden oluşmaktadır. *Spinoza*'nın bu girişimi, insanın faniliğini, kırılganlığını ve metafizik önemsizliğini yansıtan bir duygunun, her şeyden çok da, insanın kontrol edemediği bir totaliteye olan kesin bağımlılığını yansıtan bir duygunun pençesinde en az *Spinoza* kadar kıvranan bizler için de önemsiz değildir.

Nitelikler ve boyutlar

Tanrı'yı hem uzamın niteliği hem de düşüncenin niteliği aracılığıyla biliriz. Asıl cazip olan ise, bu teoriyi "subjektif olarak" açıklamaktır; yani, *Spinoza*'nın tek bir gerçeğin algılanması için, algılanan gerçeğe içkin olan dualite yerine, iki farklı yöntemi tanımladığını varsaymak. *Spinoza* böyle bir yorumu bizzat desteklemektedir:

> Tek ve aynı şeyin nasıl olup da iki farklı biçimde isimlendirilebileceğini, gerek olmamasına rağmen, bir örnekle açıklamamı arzu ediyorsunuz. Cimri görünmemek için, ben size iki örnek vereceğim. Birincisi, İsrail denildiğinde, üçüncü atanın kast edildiğini söylüyorum; Yakub derken de aynı şeyi kast ediyorum, zira Yakub ismi, söz konusu ata kardeşine yetiştiği için ona verilmiştir. İkinci olarak, renksiz bir yüzey derken, ışığın tüm ışınlarını değiştirmeden yansıtan yüzeyi kast ediyorum. Beyaz bir yüzey derken de aynı şeyi kast ediyorum, şu farkla ki, bir yüzey, ona bakan insandan dolayı beyaz olarak adlandırılır. (*C* IX)

Spinoza'nın her iki örneği de (her birinin, atfedildikleri şeyin tam ve tanımlayıcı özünü ortaya koyması beklenen) nitelikler sorunuyla açık bir ilgisi yoktur; ve her iki örnek de anlaşılmazdır. Ancak her iki örnek de, niteliklerin "perspektifler" ya da "boyutlar" olarak yorumlanmasını desteklemektedir. Bu durumda, bir insanın bir resme önce renkli yamalardan oluşan bir yapı olarak, ardından da bir portre olarak bakıp, her iki durumda da aynı maddi şeyi anlaması gibi, biz de Tanrı'ya düşünce ve uzam boyutu altında bakabiliriz.

Böyle bir yorum *Spinoza*'nın gizli varsayımını yadsımaktadır. Bir rasyonalist, sahip olduğumuz dünya bilgisine matematiksel bir modelle yaklaşır. Tıpkı sayılar arasında bir boşluk olmaması ve sayıların bizim kanıtlarımız tarafından temsil edilmesi gibi, bir rasyonalist için de, dünyanın varoluş şekli ile bizim muhakememiz tarafından temsil ediliş şekli arasında herhangi bir ayırım bulunmamaktadır; matematikte olduğu gibi, "açık ve ayrık düşünceler" ile muhakeme yapmamız koşuluyla. Matematiğin bu özelliği ampirikçiler tarafından, sayılar türünden matematiksel varlıkların, gerçekte bizden bağımsız olmadıklarını göstermek üzere kullanılmaktadır; eğer sayılar hakkındaki her şeyi biliyorsak, eğer sayıların nitelikleri, onları idrak ettiğimiz gibi yansıtıyorsa, bu durum sayıların, bir bakıma, kavranma eylemi içinde oluşturulmalarından kaynaklanmaktadır. Ne var ki, bir rasyonalist için matematik, kendi dışımdaki bir şeyin *a priori* bilgisine ulaşmam olasılığının kusursuz bir örneği olmaktan ibarettir. *Spinoza* benzer şekilde, niteliği, akıl tarafından bir tözün özü olarak algılanan şey biçiminde tanımlar. Ve (tamamen yetkin olan) bir aklın bir şeyin özü olarak algıladığı, o şeyin özüdür. O nedenle, bu iki anlayış, iki farklı dünya görüşü değil, dünyayı tamamen olduğu gibi yansıtan iki tam ve yeterli tanımdır ve bir nitelik, gerçekte içkin olduğu tözden ayrı değildir. *Spinoza* daha önceki yazmalarında bu hususu şöyle ifade eder: "Varlık bir varlık olarak, tıpkı töz gibi, bizi tek başına etkilemez; bu yüzden varlığın, ideal anlam dışında, henüz kendisinden ayırt edilemeyen bir nitelikle tanımlanması gerekmektedir" (*M* 1. Bölüm, 3. Kısım). Niteliğin bu şekilde adlandırılmasının bir başka nedeni de, "aklın tözü, belirli bir yapıyla nitelendirmesidir" (*C* IX).

Spinoza'nın düşüncesini anlamanın en iyi yolu, belki de, Thomas Carson Mark (bkz. Kaynakça) tarafından ortaya atılan örneksemeye bakmaktır. *Spinoza*'nın objektif bilim paradigmasını hatırlayalım; Euclid'in geometrisi. Euclid tarafından ileri sürülen belitler, günlük alan deneyimlerimizle ilişkilendirmekte zorlanmayacağımız çizgi ve nokta türünden düzlem figürleri nosyonlarına dayanır. Aynı belitler, figürlerin iki değişkenin denklemleri tarafından nasıl belirlendiklerini gösteren ve geometrik teoremlerden elde edilen kanıtları cebirdeki kanıtlara dönüştüren Kartezyen kordinatlar kullanılarak yeniden ifade edilebilir. Kanıtlar birbirleri ile uyuşur ve bu bilim dallarından her biri, eşdeğer biçimde diğeri tarafından ortaya konulmayan hiçbir sonucu vermez. Ancak, kanıt peşinde koşarken bir deyimden diğerine geçen herhangi biri, ilginç bir mantık hatası yapmış olacaktır. Burada, düzlem geometrisinin Kartezyen ve Euclidci sunumunun, matematiksel gerçekler sistemiyle aynı eksiksiz değerleri verdiği ve sistemin içerdiği mantıksal ilişkiler bağımlılığının eksiksiz bir analizini ortaya koyduğu söylenebilir. Aynı zamanda, mutlak bir şekilde doğru olsalar bile, bir bilimin önermeleri, başka bir bilime ait olan kanıtların yerine konulamaz. Bütünün kavranmasından daha az olan herhangi bir önerme, sabit bir şekilde ya Kartezyen ya da Euclidci olarak damgalanır ki, özne-nesnenin tek ve aynı olduğunu yalnızca, total bir bilim olan bütün (veya, *Spinoza*'nın deyimiyle "yeterli") düşünce her durumda gösterecektir.

Bu örnekseme mükemmel olmaktan uzaktır. Ancak, tek bir tözün özüne ilişkin olarak her biri tam ve yeterli bilgi sağlayan düşüncenin nitelikleri ile uzam arasındaki ilişkiler hakkında *Spi-*

noza'nın geliştirdiği teoriye uyabilecek bir modele muhtemelen en fazla bu kadar yaklaşabiliriz. Gerek düşünce gerekse de uzam, gerçekliği özünde olduğu gibi temsil eder ve her bir nitelik söz konusu gerçekliğin tam tanımını verir. Böylece her görünüm -zaman ve değişim sistemindeki her nesne de dahil olmak üzere- hem zihinsel hem de fiziksel bağlamda tanımlanabilir ve eğer bir taşın ya da bir masanın gerçekliğini ifade eden düşüncelerden haberdar değilsek, bu yalnızca bizim muğlak algımızdan kaynaklanmaktadır. Ne var ki, kendi durumumuz söz konusu olduğunda, tek bir sonlu görünümün hem zihinsel hem de fiziksel ifadesini biliriz. Akıl, der *Spinoza* bize, özel bir *idea,* yani "bedenin düşüncesidir" (*E* 2, 13). Bu düşünce "yalın değildir, tersine pek çok düşünceden oluşmaktadır" ve onun her bir bileşenine, onun "nesnesi" veya *ideatum*'u olan bedensel bir süreç tekabül eder.

Normalde, düşüncenin belirli bir nesnenin düşüncesi olduğunu söylediğimizde, düşünce ile nesnenin birbirlerine özel olarak bağlı olduğunu kast etmiyoruz. Ne de olsa, insan zihninde var olamayacak uzak nesneler hakkında ve hiçbir şekilde var olmayan kurgular hakkında düşüncelere sahibiz. Normalde "ait" sözcüğü "hakkında" anlamına gelir ve bir düşüncenin "nesnesi" o düşünce içinde veya o düşünce aracılığıyla temsil edilendir. Ne var ki, *Spinoza*'ya göre, bu düşünüş tarzı, bizim yetersiz kavrayışımızın bir yansımasından başka bir şey değildir. Bir düşünce ile maddi bir şey arasında var olabilecek tek gerçek bilişsel ilişki, düşünce niteliği altında algılanan tek bir tözün görünümü olan bir düşünce ile uzam niteliği altında algılanan tamamiyle aynı görünüm arasındaki ilişkidir. Böyle bir ilişkiyi bir özdeşlik ilişkisi olarak tanımlayıp tanımlayamayacağımız olgusu, ilginç bir mantık mevzusudur. Buna rağmen, *Spinoza* şu hususun altını çizer; "akıl ile beden, şu anda düşünce niteliği altında algılanan, şu anda uzam niteliği altında algılanan tek ve aynı şeydir" (*E* 2, 21, Skolium).

Öyleyse, akıl ile beden arasındaki ilişki nedir? Bu yine bilimsel bir tartışma konusudur, ancak, *Spinoza*'nın ontolojik tekçiliği kavramsal bir düalizm ile birleştirdiğini söyleyerek, geniş ve sonuçsuz bir literatürü kısa ve muhtemelen aynı ölçüde tatminkâr bir cümleye indirgeyebiliriz. Akıl ve beden tek şeydir; ancak bir şeyi akıl olarak başka bir şeyi ise beden olarak tanımlamak, o şeyleri iki ayrı ve bağdaşmaz sisteme oturtmak anlamına gelir. Söz konusu sistemlerin ayrıntıları karşılıklı olarak birbirlerinin yerine geçemez ve bu yüzden akıl ile beden arasında nedensel bir ilişki (bağımlılık ilişkisi) bulunduğu iddiası tutarsız bir iddiadır. Eğer "a olgusu b olgusuna özdeştir" derken "a olgusunun" gerçekçi ve mantıklı bir biçimde, b olgusuna ilişkin herhangi bir gerçek cümlede "b olgusunun" yerine geçebileceğini kast ediyorsak, o zaman akıl ile beden özdeş değildir. Öte yandan, aklın ait olduğu eksiksiz sistem, aynı zamanda bedenin ait olduğu sistemin ta kendisidir. Bunun da ötesinde, akıl ve beden, paralel sistemlerdeki eşbiçimli noktalarda yer alır. Bu yüzden, ontolojik olarak belirtmek gerekirse, akıl bedenden "başka bir şey değildir" ve bedene atfedilen gerçeklikten başka bir gerçekliğe sahip değildir; "ne beden aklın düşünmesini ne de akıl bedenin devingen ya da hareketsiz kalmasını beliryemez"se bile (*E* 3, 2).

Akıl ile beden arasındaki böylesi bir ilişki, modern taraftarlardan yoksun değildir. Günümüzde pek çok felsefeci (Spinoza'nın metafiziğine getirdiğim "bilimsel" yorumu yansıtan dayanak noktalarından hareketle) şu hususu savunmaktadır: Bir kişinin davranışını zihinsel bağlamda tanımlamak, bedenin dönüşümlerinin ötesinde olan gizemli bir süreçten söz etmek anlamına değil, doğa bilimlerinde başvurulan kavramlardan tamamen farklı olan kavramları kullanarak, bizzat o dönüşümlerin kendisini tanımlamak anlamına gelir. Düşünen, arzu eden ya da öfkelenen bir insan belirli fiziksel koşullar içindedir ve bu koşullar bir şekilde onun düşüncesini, arzusunu veya öfkesini oluşturmaktadır. Ancak bu insanın koşullarını zihinsel bağlamda tanımlarken, doğanın bilimsel olarak açıklanmasında herhangi bir yeri olmayan kavramlar kullanırız; söz konusu insanın davranışını, kişisel ilişkinin "insan dünyası" içine yerleştirerek yorumlamış oluyoruz. Bir müzik parçasını tanımlayan eleştirmen, o müzik parçasının bileşen seslerini tanımlayan bir fizikçi ile tamamen aynı nesneleri tanımlamaktadır; buna rağmen müzik eleştirmeni, söz konusu nesneleri, müziğe karşı duyarlı olanlar için özel bir önemi olan bir tarzda yorumlamaktadır. Müziğin anlamı seslerden ayrı değildir; müzik daha ziyade, onu bizimle çarpıcı bir ilişkiye koyan kavramlar aracılığıyla anladığımız seslerdir. Benzer şekilde, bir başkasının aklı, onun davranışına yol açan bedensel süreçlerden ayrı değildir; hatta bu süreçleri akıl olarak gördüğümüzde bile, onları bizim kendi yanıtımızla ilintilendiren özel bir yorumla görürüz. Böyle bir yorumda, bilimsel yasaların formüle edilmesinde hiçbir rolü olmayan kavramlar kullanılır. Bu yüzden, fiziksel ve zihinsel olaylar arasında nedensel bir ilişki bulunduğu iddiası özü itibariyle paradoksal, hatta belki de tutarsızdır.

Bireyler ve "conatus"

Şu ana kadar sunulduğu haliyle, söz konusu teori yine de ciddi biçimde eksiktir. Zira bu teori, zihinsel olan ile fiziksel olan arasındaki ilişkiyi ancak soyut olarak bize anlatmaktadır. İnsan zihninin özgüllüğü hakkında bize hiçbir tanım sağlamamakta, gerek aklı gerekse de onun *ideatum*'u olan bedeni nasıl bireyleştirebileceğimiz konusunda hiçbir düşünce ortaya koymamaktadır. Ve bireyleştirme olmaksızın, akıl ile beden arasındaki ilişki hâlâ şüphelidir. Öyleyse, sonlu görünümlere (böylesi durumlarda) atfedilen farklılığı ve bireyselliği nasıl anlayabiliriz?

Tanrı'dan ancak sorunsal bir anlamda bir birey olarak "bir ve tek" söz edilebilir. Gerçekten de, Spinoza'nın felsefesinde birey kavramına ya da olağan düşünce açısından son derece önemli olan, birey ile onun nitelikleri rasındaki ayırıma hiçbir şekilde yer olmadığı düşünülebilir. Örneğin bu kitabın kırmızılığını ele alalım. Spinoza'nın teorisine göre, bu Tanrı'nın bir görünümüdür. Öyleyse, neden kırmızılığı Tanrı'ya değil de kitaba atfediyor ve neden kitabı Tanrı'nın bir niteliği olarak görmek gibi bir gönülsüzlük duygusuna kapılıyoruz? Nasıl olur da sonlu bir görünüm, özünde bulunduğu başka bir şeyin geçici durumu değil de, bağımsız bir birey olarak algılanabilir?

Spinoza sık sık sonlu bireylere göndermede bulunur ve şu ya da bu sonlu görünümden "kendi içinde olduğu sürece (*quatem* veya *quatenus*)", diye söz eder (örneğin, *E* 3, 6). Başka bir deyişle, aynen Tanrı'nın kendisine-bağımlı olduğu biçimde, sonlu görünümlerin de kendilerine-bağımlı (kendi "içlerinde") oldukları bir anlam -ya da bir nokta- bulunmaktadır. Spinoza aynı zamanda, Tanrı için geçerli olduğu kadar sonlu görünümler için de geçerli olabilecek bir öz tanımı da yapmaktadır (*E* 2, Tanım 2):

> bir şeyin özüne ait olan ve bahşedildiğinde, zorunlu olarak o şeyin bahşedilmesini içeren, ortadan kaldırıldığında ise, zorunlu olarak o şeyin ortadan kaldırılmasını içeren; öte yandan, o olmaksızın, bir şeyin ne var olabileceği ne de algılanabileceği şey.

Spinoza'nın bu düşünceleri sonlu görünümlere uygulayış tarzı, Descartes'ın balmumu argümanı ile ilginç bir terslik oluşturmaktadır (bkz. 3. Bölüm).

Balmumu, yapısını oluşturan malzemenin ötesinde başkaca bir temel birliğe veya kimliğe sahip değilmiş gibi görünüyordu. Kırılabilir, eriyebilir ve maddesi (veya uzamı) ile ilgisi olanlar dışında, tüm nitelikleri itibariyle dönüştürülebilirdi. Her değişimde sadece uzamın korunduğu sonucuna varmak cazip görünüyor (bir balmumu parçasının bireyselliğinin, onun oluşumu içinde çözüldüğünü söyleyebiliriz). Spinoza ise, tam tersine, bir balmumu parçasının uğradığı değişimlere doğal bir direniş gösteren türden şeyler olduğunu gözlemler. Bu şeyler hasara, yani erimenin getirdiği kırılmaya karşı koyar; bazen, bu şeyler hasar aldıklarında, kendi doğalarına içkin olan öz-iyileşme ilkesi aracılığıyla kendilerini yenilerler. Spinoza'nın da belirttiği gibi, söz konusu şeyler kendi varlıklarını sürdürmeye çabalar. Bu çaba *conatus* şeylerin özünü teşkil eder, çünkü öz, kendisi ortadan kaldırıldığında zorunlu olarak şeyin de ortadan kaldırılmasını gerektiren ve o olmaksızın şeyin var olamayacağı olgudur. Bunun da ötesinde, bir şeyin *conatus*'u, o şeyin var olma mücadelesini ve niteliklerini açıklamamızı sağlayan nedensel ilkedir. Bu yüzden, bir nesne ne kadar çok *conatus*'a sahipse, o kadar çok kendine-bağımlıdır; yani o kadar çok "kendi içindedir".

Bunun en açık örneği organizmalardır. Örneğin hayvanları ele alalım: taşlardan farklı olarak, hayvanlar yaralanmaktan kaçınır, yaralanma tehdidine karşı direnir ve hatta yaralanmaya maruz kaldıklarında, yaralanma *conatus*'u tümüyle ortadan kaldıracak kadar ciddi olmadığı sürece, kendilerini iyileştirirler. O nedenle, hayvanlara, cansız varlıklara nadiren isnat ettiğimiz bir öz-bağımlılık ve bireysellik atfederiz. Bu durum, hayvanları tanımlarken, "nicel isimler" yerine her zaman "sayısal isimler" kullanma tarzımızdan anlaşılır. Bir taş, bir taş yumrusudur, bir göl bir su birikintisidir, bir kardanadam bir kar yığınıdır. Fakat bir kedi ölene kadar, bir kedi yumrusu değil, bireysel bir kedidir; *conatus* ancak yok olduktan sonra bir yığın, bir yumru ya da bir küme olarak tanımlanabilir. Bir kedinin bireyselliği ve öz-bağımlılığı, tıpkı bir insanınki gibi, onun doğasının birer parçasıdır ve bir kediyi ikiye bölmek, kediden iki eşit parça yaratmak anlamına değil, başka bir şeyin iki bütün parçasını yaratmak anlamına gelir. Kedi tek şey olarak kalmaya çabalar ve söz konusu çaba Spinoza'nın matematiksel deyimiyle "harcandığı" sürece, kedi var olmaya devam eder.

Bedenin çabası aynı zamanda aklın çabasıdır. Zihinsel bağlamda algılanan bu çaba, irade *voluntas* derken kast ettiğimiz şeydir. Bir varlığın *conatus*'unu tanımlarken, zaman zaman hem bedene hem de akla göndermede bulunur ve ardından da "istek"ten söz ederiz; bazen de -özellikle insanları tanımlarken- insanları sadece isteklere sahip olmaya değil ama aynı zamanda bu isteklerin farkında olmaya yönelten bir bilinç öğesini vurgulamak isteriz; böylesi durumlarda ise "arzu" *cupiditas* terimini kullanırız (*E* 3, 9). Ne var ki, her koşulda aynı gerçeklikten söz ediyoruz; bir organizmanın, sürekli ve aktif bir öz-bağımlılık içinde, etrafındaki şeylerden ayrı durmasına yol açan *conatus*'tan.

Spinoza'nın beden ile akıl arasındaki ilişki üzerine yaptığı analizle birleştirilen *conatus* teorisi özgün bir sonuç doğurmaktadır; buna göre, "akıl... belirsiz bir süreliğine kendi varlığını sürdürmeye çabalar ve bu çabasının farkındadır" (*E* 3, 9). Öyleyse intihar etmeyi tasarlamak imkânsızdır: (Spinoza'nın deyimiyle; "bedenimizin varlığını sona erdirme düşüncesi bizim aklımızda ortaya çıkamaz, tersine böyle bir düşünce aklımıza zıttır" (*E* 3, 10)). Yani kasıtlı intihar bir çelişkidir, çünkü çaba göstermemek gibi kasıtlı bir çabayı, kişinin öz-oluşumunu ihlal eden bir öz-oluşumu ve kişinin özünün kendisine karşı dönmesini gerektirir. Öyleyse Spinoza pek çok fiili intihar olayını nasıl açıklamaktadır? Ayrıca, ölümden korkmamamızı ve onursuz nedenlerden dolayı ölümden kaçınmamamızı salık veren (*E* 4, 72; *E* 5, 38) teorisini kendi ahlakıyla nasıl bağdaştırmaktadır?

Spinoza'nın bu zorluğa verdiği resmi yanıt şudur; "hiçbir şey, dışsal bir neden olmaksızın ortadan kaldırılamaz" (*E* 3, 4) ve bu yüzden "hiç kimse... kendi doğasının getirdiği gereksinimden dolayı kendisini öldürmez. Böyle şeyleri yapan kişiler, birçok farklı biçimde ortaya çıkabilen dışsal nedenler tarafından buna zorlanmaktadır" (*E* 4, 20, Skolium). Spinoza, bir tiranın emri üzerine kendi damarlarını kesen Seneca ile aklın "daha önceki yapısına zıt bir yapıya büründüğü" delilikten söz ederek çeşitli örnekler verir. Bu yeni yapı, akıl orijinal çabasına uyduğu sürece, içinde bir düşüncenin oluşamayacağı bir yapıdır; bu yüzden, söz konusu yeni yapı, aklın *conatus*'unun bir sonucu değildir.

Yorumcular, Spinoza'nın intihar teorisi hakkında farklı düzeylerde bir hoşnutsuzluk ifade etmektedir. Ancak, asıl önemli olan, Spinoza'nın sonuç olarak ortaya bir teori attığını ve bu teorinin etkisiz olmadığını görmektir. Kendi metafiziğinin sonuçları aracılığıyla insan dünyası ile böylesi ilişki noktaları sağlamak, Spinoza'nın tipik bir özelliğidir. Eğer Spinoza, insan yaşamının ve kavrayışının gerçek sorunlarından habersiz olarak ya da bu sorunlarla yüzleşmekte isteksiz davranarak, soyut alanlarda düş kurmakla kalsaydı, kurduğu sistem olduğundan çok daha az ilgi çekici olurdu. Üzerinde durduğumuz özgün örnek bağlamında, Spinoza intiharın olası pek çok açıklamasını gözden kaçırmıştır. Ancak, benim tarafımdan ciddi bir şekilde üstlenilen tüm şeylerin, kendi varlı sürdürmek amacıyla üstlenildiği gibi temel bir varsayımda bulunan Spinoza'nın yanıldığı pek de kesin değildir. Japonya'da yaşanan soylu intihar olayları, bir insanın nasıl kendi yaşamına son vermeyi arzulayabildiğini, özellikle de varlığını yok oluşuyla sürdürmesini yeterince açık bir şekilde göstermektedir.

Düşünce teorisi

Her şey ya bir düşünce olarak ya da uzamsallaştırılmış bir şey olarak algılanabilir; buna rağmen, akıl ile beden arasında (Spinoza tarafından herhangi bir anlamda kabul edilen) hiçbir nedensel ilişki yoktur. İki şey arasındaki nedensel ilişki, ancak bu şeylerden birinin kavranması diğerinin kavranmasını da gerektirdiği zaman var olabilir. Bir düşünce, kavranması için, başka bir düşünceye bağımlı olabilir ve aynı şekilde, bir nesnenin kavranması da başka bir nesnenin kavranmasına bağımlı olabilir. Ancak bir düşünce sisteminin ayrıntılandırılmasının hiçbir aşamasında fiziksel bir görünüme anlaşılabilir bir göndermede bulunulamayacağı gibi, uzam biliminin ayrıntılandırılmasında da zihinsel olana açık bir göndermede bulunulamaz. Bu her iki sistem paralel olmakla birlikte, tek bir totalitenin iki uyuşmaz ifadesidir. Buna rağmen, "düşüncelerin düzeni ve aralarındaki ilişki, şeylerin düzeni ve aralarındaki ilişki ile aynıdır" (*E* 2, 7). O halde, aklı kendi dışındaki şeylerle ilintilendirmenin veya *natura naturata*'nın ardışıklığının açıklanmasında aklın oynadığı rolü ortaya koymanın önünde bir zorluk bulunmamaktadır:

> Yapıları şu veya bu nitelik aracılığıyla algılansa bile, şeylerin düzeni veya sıralanması tektir; bundan şu sonuç çıkar; bedenimizin eylemlerinin ve tutkularının düzeni, aklın eylemlerinin ve tutkularının düzeni ile eşzamanlıdır... (böylece) aklın kararı, bedenin isteği ve belirlemesiyle birlikte, özü itibariyle eşzamanlıdır veya daha ziyade ikisi de tek ve aynı şeydir; bu şey düşüncenin niteliği altında değerlendirildiğinde ve düşünce bağlamında açıklandığında, onu karar olarak adlandırırız, uzamın niteliği altında değerlendirilip, devinim ve hareketsizlik yasalarından çıkarıldığında ise, onu neden olarak adlandırırız. (*E* 3, 2, Skolium)

Her düşünce için bir *ideatum* vardır -uzam niteliği altında algılanan ve tam olarak dünya sistemindeki düşünceye tekabül eden bir nesne. Her düşünce kendi *ideatum*'unu "içerir" ve bu yüzden her düşünce, Spinoza'nın, gerçeğin "özdışlı" belirtisi olarak adlandırdığı şeyi, yani gerçeğin *ideatum*'u ile kesin ve zorunlu bir uygunluğu gösterir (*E* 2, Tanım 4). Ancak bu, yanlış düşünce gibi bir olgunun bulunmadığı anlamına gelmez. Zira pek çok düşünce, gerçeğin "temel" belirtilerine sahip olmakta başarısız kalır. Hata bizim, düşüncelerin bütünlüklü sistemini ve düşünceler arasındaki bağımlılık ilişkilerini kavramaktaki başarısızlığımızdan doğar; böylece, şeyleri muğlak ve kısmi bir şekilde kavramakla kalırız ve ancak bu kavrayışların yerine "yeterli" düşünceleri koyduğumuz zaman, düşüncemizin şeyleri olduğu gibi gösterdiğini güvence altına alabiliriz. Gerçeğin temel belirtileri ancak "yeterli" düşünce aracılığıyla ayırt edilebilir (*E* 2, Tanım 4). Spinoza'nın "yeterli" terimi, Descartes'ın "açık ve ayrık" terimleriyle aynı işlevi yerine getirmek üzere kullanılmıştır; Spinoza gerçekten de zaman zaman Kartezyen terminolojiyi kullanır (örneğin *E* 2, 28'de, *S, M* ve ilk mektuplarında). Bununla birlikte, "yeterli" düşünce teorisi, Kartezyen prototipinden çok daha sistematiktir ve Descartes'ın kesinlikle reddedeceği sonuçların ortaya çıkmasına yol açmaktadır. Yalnızca gerçeğin özdışlı belirtisine sahip olan bir düşünce hatanın kaynağı olabilir ve bu anlamda yanlış bir düşünce olarak tanımlanabilir. Böyle bir düşüncenin kendi *ideatum*'una uygun olduğunu (ki uymak zorundadır) bilebildiğimiz halde, düşüncenin temel niteliklerinden hareketle, bu *ideatum*'un tam olarak ne olduğunu bilemeyiz. Başka türlü söylemek gerekirse, yeterli düşünce saydam iken, yetersiz düşünce dünya açısından anlaşılmazdır. Bu yüzden, "'doğru' sıfatının yalnızca düşünce ve onun *ideatum*'u arasındaki uygunlukla ilintili olması, 'yeterli' sıfatının ise bizzat düşüncenin doğası ile ilintili olması dışında, doğru ile yeterli düşünce arasında hiçbir fark görmüyorum" (*C* LX).

Spinoza, yeterli düşüncelerin gerçekten var oldukları biçimindeki rasyonalist varsayımdan hareketle, bir bilgi teorisinin (aslında bir hata teorisinin) nasıl inşa edileceğini gösterir. Fazlasıyla karmaşık olan (ve *S* 2, 15 ve 16'da kabaca tasarlanan, *E* 2,

35 ve sonrasında ise mükemmelleştirilen) bu teori, Spinoza'nın, düşünce ile *ideatum* arasındaki ilişkiyi temsili bir ilişki olarak tanımlamaktaki güçlü eğilimi nedeniyle özellikle zor hale getirilmiştir (bir düşüncenin, Spinoza'nın metafiziğinin basitçe dayattığı anlamda değil de, bazen, o zor sözcüğün normal kavranışı içinde, kendi *ideatum*'unu içeriyor gibi görünmesi için). Spinoza, ortaçağ söylemiyle, aslında maddi olan bir ilişkiyi (pratikteki ilişki) sürekli olarak kasıtlı bir ilişki (düşüncedeki ilişki) olarak tanımlar. Muhtemelen bu noktada Spinoza'nın kafası karışmamıştı, ama yine de daha açık olabilirdi. Böylece Spinoza bir düşüncenin temsili içeriğinden söz ederken zaman zaman "nesne" *(objectum)* sözcüğünü kullanır, "*ideatum*" sözcüğünü ise düşüncenin karşılığı olarak yedekte tutar (örneğin *E* 2, 13, Skolium ve bkz. Ek Sözlük).

Tıpkı Descartes gibi, Spinoza da "düşünce" terimini, tüm zihinsel içerikleri kapsayacak şekilde kullanır. Bu yüzden Spinoza, söz konusu terimi kullanış tarzı sayesinde, iki kritik sınırı aşar; bu sınırlardan biri, kavram ile algı arasındaki sınır, diğeri ise, kavram ile önerme arasındaki sınırdır. İnsan kavramı ile, insanın algısı, imgesi veya hayali arasında kesinlikle bir ayırım vardır; aynı ayırım, insan kavramı ile bir insanın var olduğu önermesi arasında da bulunmaktadır. Ne var ki, Spinoza'ya göre, bu ayırımların, onun epistemolojisinin karmaşık hareket noktalarından yola çıkılarak yeniden inşa edilmesi gerekmektedir. Spinoza bu ayırımların yeniden inşa edilmesi işine birkaç büyüleyici ve harika sayfa ayırır (*E* 2, 16 ve 17; *E* 2, 48 ve 49). Bu yüzden bir Spinoza uzmanı, verili bir düşüncenin doğru olduğu önermesinin, yorumlanmayı çoğu zaman neredeyse imkânsız hale getiren büyük bir belirsizliği içerdiğini unutmamalıdır.

Spinoza gerçeği, yeterli düşüncelerin temel bir niteliği olarak açıklamakla, dünya ile bizim dünyayı yeterli biçimde kavrayışımız arasındaki boşluğu doldurmaktadır. Ayrıca, ayrıntıları bakımından ilginç, tarzı bakımından da yaratıcı olan bir de kanıt sunar; buna göre, her yeterli düşünce, ona sahip olan kişi için aşikâr bir düşüncedir (*E* 2, 43). Bu yüzden Spinoza'nın başlıca kaygısı, ilkin hataya, ikinci olarak da, yaşamlarımızı sürdürürken başvurduğumuz sıradan ve eksik bilgiye getirilen açıklamadır.

"Yanlışlık", diye savunur Spinoza (*E* 2, 35), "bilgi eksikliğinden kaynaklanır ve yetersiz ya da sakat ve muğlak düşünceler sayesinde ortaya çıkar". Yetersizliğin başlıca örneklerinden biri duyumsal algıdır. Örneğin güneşin, yeryüzünden onu inceleyen bir insana görünüş biçimini ele alalım. Güneşin algılanışını oluşturan imge gerçekten de bir düşüncedir. Ancak bu düşüncenin *ideatum*'u, algılayan kişinin algıladığı şey değildir. Güneş, bir mavilikler denizi içinde birkaç adımlık çapla dönen küçük kırmızı bir top olarak, oldukça yanlış bir şekilde temsil edilen şey değildir. Bu düşüncenin gerçek *ideatum*'u, daha ziyade, onun zihinsel boyutunu oluşturan nesnedeki değişikliktir (*İdeatum*'un, sinir sistemindeki bir süreç olduğunu artık söyleyebiliriz). Ne var ki, yetersiz olan düşünce, kendisinin maddi karşılığı olan bedensel sürece değil, yalnızca muğlak ve kısmi bir kavrayışını sunduğu güneşe isnat edilmektedir.

Duyumsal-algı aracılığıyla edinilen her türlü bilgi bu türden bir bilgidir ve böylesi bilgiler *Ethika*'daki üç kavrama düzeyinin en alt sırasına yerleştirilmiştir (*Aklın Islahı Üzerine İncelemeler*'de, böylesi düzeylerden dört tane, *Kısa Bir İnceleme*'de ise üç tane bulunuyordu; her iki durumda da, klasik bir ilham kaynağı söz konusudur; Aristoteles dört kavrama düzeyi bulunduğunu, Platon ise üç düzey olduğunu savunmuştur). Spinoza bu birinci kavrama düzeyini imgelem veya kanı olarak adlandırır ve böyle bir kavrayışın hiçbir zaman yeterliliğe ulaşamayacağını, çünkü imgelem düşüncelerinin bize, temel mantıksal düzenleri içinde değil, bizim bedensel süreçlerimizin düzeni içinde geldiğini ima eder. İmgelem düşünceleri, yetersiz bir biçimde kavranan süreçlerin mantıkdışı yansımalarıdır. Muğlak düşüncelerin sürekli birikimi aracılığıyla, bu düşüncelerin ortak yanının -evrensel bir nosyonun *(notio universalis)*- ne olduğu konusunda bir kavrayışa varabiliriz; insan, ağaç, köpek ya da Afrika yaban domuzu bakıcısına ilişkin genel kavrayışlarımız tarafından da örneklendiği gibi (*E* 2, 40, Skolium). Günlük dile felsefi bir enstrüman olarak itimat etmemenin nedenlerinden biri, günlük dil aracılığıyla ifade edilen düşüncelerin, bir bütün olarak, yeterli düşünceler kategorisine değil, böylesi parçalı ancak muğlak düşünce kategorisine girmesidir.

Örneğe geri dönmek gerekirse; güneş bedenimizdeki değişimler aracılığıyla değil, ancak güneşin yeterli bir düşüncesini sağlamayı hedefleyen bir bilim aracılığıyla yeterince anlaşılabilir. İlk ilkelerden uslamlanmış yansımalarla ilerleyen böyle bir bilim, Spinoza'nın ikinci kavrama düzeyini örnekler ve yeterli düşünceler ile "genel nosyonları" (*notiones communes,* yukarıda sözü edilen "evrensel nosyonlar" ile karıştırılmamalıdır) gerektirir. Genel bir nosyon, her şey için ortak olan belirli bir niteliğin düşüncesidir ve "herkes için, hem kısmi·hem de bir bütün olarak ortak olan türden şeyler, ancak yeterli bir biçimde algılanabilir" (*E* 2, 39). Bu nosyonlar bir başka anlamda da ortaktır; yani bütün insanlar bu nosyonlara sahiptir, çünkü tüm insanlar, bu nosyonların ifade ettiği doğayı paylaşmaktadır. Bu yüzden, böylesi düşünceler, doğa bilimlerinin temel dayanak noktalarını oluşturur ve insan bilgisinin kamusallığı ile felsefi bir iletişim olasılığının eksiksiz ve nihayi bir açıklamasını sağlar.

Spinoza ayrıca, sezgi ya da *scientia intuitiva* olarak adlandırdığı üçüncü bir bilgi düzeyini daha kabul eder. "Bu türden bir kavrama", diye açıklar Spinoza. "Tanrı'nın belirli niteliklerinin biçimsel özüne ilişkin yeterli bir düşünceden yola çıkarak, şeylerin özlerine ilişkin yeterli bir bilgiye ulaşır" (*E* 2, 40, Skolium 2). Spinoza bu anlaşılmaz görüşünü (*S* II, Bölüm 1'de daha bütünlüklü bir şekilde ortaya konulan) matematiksel bir örnekle açıklar; bu örnekten hareketle, Spinoza'nın "sezgi" derken, bir önermenin, tek bir zihinsel eylemle ve aşikâr dayanak noktalarından hareketle, kendisini geçerli bir kanıt eşliğinde kavrayan kişi tarafından güvenceye alınan anlamının ve doğruluğunun ayrıntılı bir şekilde kavranmasını kast ettiği sonucuna varabiliriz. Sezgi çok önceden Descartes tarafından epistemolojinin odak noktası haline getirilmişti; Spinoza ise, sezgiyi rasyonel bilginin bir ideali olarak, yani kendi geçerli kanıtı ile ayrılmaz bir şekilde birleşen bir kavrayış olarak tanımlamakla Descartes'ın tanımını mükemmelleştirmişti. Spinoza'ya göre, bir sezgiye, ancak incelemenin konusu ile "Tanrı'nın biçimsel özünün yeterli düşüncesi" arasındaki ilişkiyi kavradığımız zaman sahip olabiliriz, çünkü başka hiçbir şey kendi kendisini geçerli kılan bir tümdengelimin dayanak noktası işlevi göremez. Spinoza "biçimsel öz" derken Tanrı'nın gerçek ve bağımsız doğasını kast etmektedir. (Biçimsel olan "objektif" olandan; yani bir şeyin kendi içinde olduğu gibi değil de, düşüncenin "nesnesi" olarak temsil edilmesinden ayırt edilmiştir (bkz. *I* vi, 34-5). Bu skolastik terimler ciddi bir karışıklık yaratmaktadır, zira artık "objektif" yerine "subjektif" terimini, "biçimsel" olan yerine de "gerçek" olan terimini kullanmamız gerekmektedir: bkz. Ek Sözlük).

Spinoza'nın gerçek ve kavrama teorisi artık kabaca ortaya konulabilir. "İlk türden kavrama", diye savunur Spinoza, "yanlışlığın biricik nedeni" iken, "ikinci ve üçüncü türden kavrama zorunlu olarak doğrudur" (*E* 2, 41). Bu yüzden, kendi bakış açımızdan bakarsak, bir düşüncenin doğruluğu, yalnızca kendi *ideatum*'u ile arasındaki özdışlı uygunluk aracılığıyla değil, söz konusu düşüncenin "yeterli" düşünceler sistemine olan mantıksal bağlılığı ile ortaya çıkar. Bilginin ilerlemesi, muğlak ve yetersiz düşüncelerimizin yerine, düşündüğümüz her şeyin değişmez bir şekilde Tanrı'nın özünün yeterli düşüncesinden kaynaklandığını kavrayacağımız noktaya erişinceye dek, kesintisiz bir şekilde yeterli kavrayışların konulmasıyla mümkün olabilir.

"Sub specie aeternitatis"

Her türlü düşünce, Tanrı'nın düşünme tarzındaki değişiklikler olarak, Tanrı içinde var olur. Bazı düşünceler aynı zamanda insan aklı içinde var olur. Bu yüzden Spinoza düşüncelerimizin, Tanrı insan aklını oluşturduğu sürece *quatenus*, Tanrı içinde var olduklarını söyler. Tersi biçimde, Tanrı her şeyin yeterli bilgisine sahip olduğu için, sonsuz aklı paylaştığımız sürece, bizim kendi düşüncelerimiz yeterli düşüncelerdir. Spinoza bu "sürece"nin bir derece sorunu olduğunu varsayar; kavrayışlarım ne kadar çok yeterliyse, o kadar çok sonlu koşullarımın ötesine, bir görünümü olduğum kutsal öze erişirim.

Söz konusu "sürece" deyimini anlamak kolay değildir. Ne var ki, bu deyim olmaksızın, Spinoza'nın argümanındaki bağlantıların -ve kutsal olan ile insani arasındaki bağlantının- önemli bir kısmı kopmaktadır. Bir önceki bölümde de tartıştığım gibi, Tanrı'nın niteliklerini geçici terimlerle tanımlayabilmemiz yalnızca bir uslüp sorunudur. Tanrı öncesiz ve sonrasızdır, bu ise Tanrı'nın zamanın ve değişimin dışında olduğu anlamına gelir. Bu yüzden; "şeyler esasen iki biçimde algılanır -ya belirli bir zaman ve mekân ile ilişki içinde var oldukları sürece ya da onları Tanrı içinde bulundukları ve kutsal doğanın zorunluluğundan doğdukları gibi algıladığımız sürece" (*E* 5, 29, Skolium). Kutsal olandan insani olana geçmek, zamansız olandan zamana geçmek anlamına gelir. Tanrı'nın değişiklikleri bizler tarafından "sürekli" ve zaman içinde birbirlerinin yerini alan değişiklikler olarak anlaşılmalarına rağmen, bilgimize sızan bu zaman kavramı yalnızca bizim kavrayışımızın yetersizliğini yansıtır. Şeyleri yeterli biçimde algıladığımız "sürece", mantıksal, bu yüzden yapısı itibariyle zamandışı olan bir açıklama zincirini izleyerek, onları Tanrı'nın öncesiz sonrasız doğasından doğan şeyler olarak anlarız.

Böylece, Spinoza'nın kendi sözleriyle belirtmek gerekirse, "şeyleri belirli bir sonsuzluk boyutu *sub quadam aeternitatis specie* altında algılamak aklın doğasında vardır" (*E* 2, 44, Sonuç 2). Yeterli bir dünya kavrayışı bir *sub specie aeternitatis* kavrayışıdır; Tanrı (özdeş olduğu) dünyayı böyle görür ve akıllarımız Tanrı'ya ait olan bir tasavvura iştirak ettiği sürece biz de dünyayı böyle görürüz.

Spinoza, *Ethika*'da örneklenmesi amaçlanan şu hususu kanıtlamaya çalışır; "insan aklı Tanrı'nın öncesiz sonrasız ve sınırsız özü hakkında yeterli bir bilgiye sahiptir" (*E* 2, 47). (Aslında burada kanıtlanan şey, aynı zamanda başlangıçta varsayılmıştı.) Bizler yeterli bilgiye ulaşmakla, kutsal ve sonsuz olanı anlama noktasına geliriz. Öte yandan, kendi yapımızı ve kimliğimizi *sub specie durationis* olarak, yani zaman boyutu altında anlarız. Çünkü bizler, bizi kendine-yeterli şeyler bütününden ayıran *conatus*'a devamlı ve sonlu görünümler olarak sahip oluruz ve kendimizi ayrı, bağımsız varlıklar olarak bilmek, muğlak ve kısmi bilgiye yol açan zamana-bağımlı bir kavrayışa hapsolmak anlamına gelir. İnsanın konumu, doğası itibariyle çelişkili bir konumdur; akıl sonsuz totaliteye erişmeyi arzularken, duyumsal varoluş kaygıları, ancak biz şeyleri geçici ve kısmi olarak gördüğümüz sürece devam eder. Spinoza'nın ahlakından çıkan mesaj özetle şudur; kurtuluşumuz dünyayı *sub specie aeternitatis* olarak görmek ve böylece zamanın boyunduruğundan özgürleşmekle mümkündür.

Kolayca bozulan yapımızdan kaynaklanan kaygılara saplanıp kaldığımız sürece, özgür olduğumuzu düşünürüz. Ancak "özgür olduklarını düşünen insanlar yanılıyorlar ve bu düşünce yalnızca şundan kaynaklanıyor; insanlar eylemlerinin farkındadırlar ancak bu eylemleri belirleyen nedenlerden habersizdirler" (*E* 2, 35, Skolium). Öyleyse özgürlük düşüncesi bir imgelem hatasıdır ve bu düşüncenin kölesi haline gelen insana ne klavuzluk etmekte ne de mutluluk getirmektedir. Akıl, imgelemden farklı olarak, şeyleri tesadüfi olarak değil zorunlu olarak görür (*E* 2, 44). Bu yüzden, ne kadar çok anlarsak, o kadar çok geçici özgürlüğün gerçekdışılığına ikna olur ve *E* 2, 48'de soğukkanlılıkla telaffuz edilen "hiçbir akılda mutlak ya da özgür bir irade yoktur, tersine akıl, başka bir neden tarafından belirlenen, o başka nedenin de bir başka neden tarafından belirlendiği ve bu durumun sonsuza dek sürdüğü şu veya bu şeyi isteyecek biçimde belirlenmiştir" gerçeğini daha çok görürüz. Böylesi sonsuz nedensel zorunluluk halkaları, *sub specie aeternitatis* olarak bakıldığında, Tanrı'nın sonsuz ve değişmez iradesinin bir yansımasından, yani *sub specie durationis*'inden başka bir şey değildir.

Zaman içinde özgür olabileceğimiz yanılgısı, yerini, zamandan özgürleşebileceğimiz gerçeğine bırakır. Spinoza'nın tavsiye ettiği gerçek ve daha yüce özgürlük budur.

5. Özgürlük

Spinoza'nın akıl felsefesinde bir şey eksiktir; ve bu, varlığı ya da yokluğu bir filozofun düşünüş tarzını tümüyle etkileyen, belirleyici bir şeydir. Bu eksik öğe kişi ya da öznedir; yani, varlığı *cogito* ile kanıtlanan Descartes'ın muhakemesinin odak noktası. Spinoza'nın, *Ethika*'nın 2. Bölümü'nde, "insan düşünür" biçimindeki bir beliti benimsediği doğrudur ve *E* 2, 11'de şu Kartezyen argümanın muğlak bir yansıması bulunmaktadır; "insan aklının fiili varlığını teşkil eden ilk şey, fiilen var olan bireysel bir varlık düşüncesinden başka bir şey değildir." Ancak bu önermelerin hiç birinde, Descartes'a göre abartılı şüpheye karşı gerekli bir mevzi olan "Ben"i bulmak mümkün değildir. Gerçekten de Spinoza, Kartezyen Felsefenin İlkeleri'ne yazdığı önsözde, "açık ve ayrık düşünceler"in otoritesi dışında, *cogito'*da başka hiçbir otorite tanımadığını, bu açık ve ayrık düşüncelerin dünyayı öznenin bakış açısından değil, *sub specie aeternitatis* olarak, başka bir deyişle, Tanrı'nın "bakış açısından" temsil ettiğini açıkça ortaya koyar.

Spinoza öz-bilincin varlığını kabul eder ve öz-bilince kabaca şöyle niteler; bizim düşüncelerimiz, kendilerine ait olan başka düşüncelerle, o başka düşünceler de yine kendi düşünceleriyle birlikte oluşabilir ve bu böyle sonsuza dek sürebilir. Spinoza bu durumu şu sözlerle kanıtlamaya çalışır; "akıl düşüncesi, aklın bedenle birleştiği biçimde akılla birleşmiştir" (*E* 2, 21). Ne var ki, böyle bir kanıt büyük ölçüde, Spinoza'nın en az açık ve ikna edici olan argümanlarından biridir, çünkü konunun can alıcı kavramına hiçbir şekilde değinmemektedir; bu can alıcı kavram kişidir. Spinoza, yeterli düşünceler yönteminin bir sonucu olarak, kendi evreninin orta yerine, bu evrenin incelenmesine kaynaklık eden öznel bir bakış açısını hiçbir şekilde oturtamaz.

Ahlak ve mutlak görüş

Descartes tarafından da algılandığı üzere, felsefenin görevi, öznenin bakış açısından, dünyanın (Bernard Williams'ın tanımladığı) "mutlak kavrayışına", yani, hiçbir bakış açısına dayanmayan bir dünya kavrayışına sıçramaktı. Bilgi, öznenin bilinen şeylerin tanımından çıkarılmasıyla elde edilir. Kant, *Saf Aklın Eleştirisi* adlı yapıtında, özneye yapılan tüm referansları bu şekilde ayıklamanın ne mümkün ne de arzu edilebilir olduğunu kararlı bir şekilde savunacaktı; dünya benim dünyamdır ve bu dünyaya izleri silinmez bir öz-bilinç damgasını vurmuştur. Oysa Spinoza'ya göre, esas olan mutlak kavrayış iddiasıdır; çünkü "yeterli" bilgiyi oluşturan şey tam olarak budur.

Bu yaklaşım ahlak felsefesi açısından kayda değer sonuçlar yaratmaktadır. Spinoza yaşama, sorunları kendi bireysel koşullarından kaynaklanan "Ben"in bakış açısından değil, insan bireyini Tanrı'nın bir görünümünden ibaret olan ve her şeyi yöneten yasalar tarafından yönetilen bir varlık olarak gören saf ve tarafsız bir mantıkçının bakış açısından bakar. Spinoza ahlaki önerilerini tam da bu objektif ve "kişisiz" dünya görüşü üzerinde inşa eder ve şeyleri *sub specie durationis* olarak gören yanıltıcı perspektifi aşarak, Tanrı'ya ait olan mutlak yaklaşıma ulaşmamız gerektiğini savunur. Spinoza'ya göre, ancak o zaman, gerçekten özgürleşebileceğiz ve ancak o entelektüel özgürlük içinde kendimizi gerçekleştirebileceğiz.

İyi ve kötü

Bizler günlük yaşamlarımızda dünyayı *sub specie durationis* olarak görürken, aynı zamanda iyi ile kötü arasında büyük bir ayırım görmekte ve ahlaklılığın talepleri ile doğanın ayartmaları arasında iki zıt kutba bölünmekteyiz. Ne var ki bu davranışlar algının birinci düzeyinden kaynaklanmaktadır; yapımıza ilişkin yeterli bir düşünce akıl ile, çapraşık fikirlerimizin bir ürününden başka bir şey olmayan tutku arasındaki çatışmayı ortadan kaldırır.

Spinoza ahlaki yargı hakkında, günümüzde "duygusalcı" olarak adlandırılacak olan bir teori ortaya koymuştur. "İyi" ve "kötü" gibi sözcüklerin kullanım tarzı, bu sözcüklerin ifade ettiği gerçek aracılığıyla değil, tersine bu sözcüklerin kullanılmasıyla ifade edilen duygular aracılığıyla açıklanmalıdır; "bir şeye ulaşma çabamız, o şeyi arzulamamız ve özlememiz, söz konusu şeyi iyi olarak kabul etmemizden kaynaklanmaz; tam tersine, ona ulaşmaya çabaladığımız, onu arzulayıp özlediğimiz için bir şeyi iyi olarak kabul ederiz" (*E* 3, 9). Başka bir yerde, *Ethika*'nın 4. Bölümü'ne yazılan önsözde, *S* 51, 60 ve çeşitli mektuplarda, Spinoza bu düşünceyi ayrıntılandırarak, ahlaki ve estetik yargıların, öznenin davranışlarına ve çıkarlarına bağlı olarak değiştiğini ve şeylerin yapısı hakkında sadece en çapraşık kavrayışları içerdiğini savunur. Her kişinin "iyi" ve "kötü" gibi terimleri kullanma tarzı, o kişinin kendi özel arzuları ve tutkuları tarafından belirlenecek ve ahlaki yargılarımızda ifadesini bulan düşüncelerden hareket edilirse dünya hakkında hiçbir şey öğrenilemez.

Spinoza, Maimonides'i anımsatan bir dille daha da ileri giderek şu iddiada bulunur; "Tanrı'ya karşı günah işlediğimizi söylememiz, yakışıksız veya insani bir şekilde konuşmaktan başka bir anlama gelmez" (*C* XIX). Spinoza "kötülük sorunu"na (kötü bir dünyayı iyi bir yaratıcıyla bağdaştırma sorunu) sunduğu çözümde, Maimonides'in çözümünü (*Şaşkınların Klavuzu,* iii, 21) benimser ve bize kötü olarak görünen şeylerin yalnızca "eksiklik" olduklarını savunur -yani bu şeyler, Tanrı'nın "herhangi bir özü ifade etmeyen" kısmi veya yarım kalmış görünümleridir (*C* XXIII, *E* 4, Önsöz); bu şeyler kötü olduğu ölçüde, gerçekdışıdırlar da.

Duygusalcılık ile kötülük sorununa sunulan Maimonidesçi çözümün birleştirilmesi, ahlak filozofunun çalışmasını sona erdirecek bir olgu olarak görünebilir. Eğer iyilik ile kötülük düşünceleri keyfi ve öznel ise ve eğer cereyan eden tüm olaylar aynı şekilde kutsal mükemmelliğin bir parçası ise, ne türden objektif bir ahlaki öneri sunulabilir ki? Aslında Spinoza pek çok şeyin söylenebileceğine inanmaktadır. Tıpkı -*Ethika*'nın 3 ve 4. Bölümleri boyunca kendisine usta olarak seçtiğini itiraf ettiği- Aristoteles gibi, Spinoza da, ahlaki sorunların objektif olarak dile getirilebileceğine ve yine objektif olarak cevaplanabileceğine inanır. İnsan doğasının üzerindeki tutku maskesini kaldırıp onu gerçekte olduğu gibi anladığımızda, özgürlüğümüz ile mutluluğumuzun tek ve aynı şey olduğunu ve iyi bir insan yaşamının hem objektif olarak tanımlanabilir hem de rasyonel olarak sürdürülebilir olduğunu algılarız. "İyi yaşam" şu veya bu kişinin ahlaki yargılarıyla değil, ama objektif bir şekilde, insan doğası aracılığıyla tanımlanır. Böylece Spinoza "iyi" ve "kötü" terimlerine getirdiği kendi teknik tanımlarını sunar ve bu tanımlardan yola çıkarak, insan mutluluğu üzerine "geometrik" bir araştırmaya girişir; "iyi derken, bizim için yararlı (utile) olacağını kesinlikle bildiğimiz şeyi anlıyorum"; "ancak, kötü derken, herhangi bir iyiye katılmamızı engelleyeceğini kesinlikle bildiğimiz şeyi anlıyorum" (*E* 4, Tanım 1 ve 2). İyi bir yaşam, bizim kendi doğamız için en "yararlı" -elverişli- olan yaşamdır; kötü bir yaşam ise, bizim doğamıza en çok zıt olan bir yaşamdır. Ahlaksızlık ve kötülük, (böylesi saçma işlerle uğraşmayan) Tanrı tarafından cezalandırıldığı için değil, doğamızla karşıtlık içinde oldukları ve bizi çaresizliğe yönelttikleri için engellenmelidir (*C* XXI).

Aktif ve pasif

Ethika'nın 3. Bölümü'ndeki 1. Önerme'de, aklın "aktif" ve "pasif" durumu arasında bir ayırım yapılmıştır; "Aklımız belirli şeyleri etkiler, belirli şeylerden ise etkilenir; yani, yeterli düşüncelere sahip olduğu sürece, o ölçüde bazı şeyleri zorunlu olarak etkiler ve yetersiz düşüncelere sahip olduğu ölçüde de, bazı şeylerden zorunlu olarak etkilenir." Şeyleri yapmak ile şeylerden etkilenme arasındaki ayırım bir düzey ayırımıdır ve yalnızca Tanrı her şeyin tam ve yaratıcı sebebi olduğu için, yalnızca Tanrı etkilenmeden etkileyebilir. Birer sonlu görünüm olan bizler ise, dünyayı bağlayan sonsuz nedensellik zincirindeki halkaları teşkil ederiz. Buna rağmen, kendi konumlarımız içerden -doğamızı oluşturan *conatus* veya uğraşıdan- oluşturulduğu "sürece" biz de o ölçüde kendi konumlarımızın sebebiyiz ve o ölçüde konumlarımıza bağlı olarak aktifiz. Tersi biçimde, dışsal nedenlerden etkilendiğimiz sürece de pasifiz; kontrol edemediğimiz süreçlerin kurbanlarıyız.

Ancak yeterli düşüncelere sahip olduğumuz zaman pasif konumdan aktif konuma geçebiliriz. Spinoza bu durumu, *quatenus* ("sürece") sözcüğü ile dâhice oynayarak kanıtlar. *E* 2, 11, Sonuç'ta Spinoza şunu kanıtlamıştı; "herhangi birinin aklında yeterli olan düşünceler, Tanrı söz konusu aklın özünü teşkil ettiği sürece, Tanrı içinde de yeterlidirler." Öyleyse, verili her tür düşünceden bir sonuç çıkmalı ve yeterli bir düşünce, kendisinden çıkan her şeyin yeterli bir nedeni (örneğin tam açıklaması) olmalıdır. Bu yüzden, yeterli düşüncelere sahip olan Tanrı, şeylerin tam ve yeterli sebebidir. Ve "kişi birinin aklında yeterli olan bir düşünceden etkilendiği sürece, o aynı akıl belirli şeylerin yeterli sebebidir" ve bu yüzden belirli şeyleri "zorunlu olarak etkilemektedir."

Spinoza'nın zihinsel etkilik kavrayışı, irade ve etmen konusundaki olağan kavrayışlarımıza yalnızca dolaylı olarak tekabül etmektedir. Yine de, bir örneği değerlendirmek yararlı olabilir. Ani bir rüzgârın beni arkadaşıma çarptırdığını ve arkadaşımın yere düştüğünü düşünelim. Bu olayda, rüzgârın gücünü alıp onu mekanik bir şekilde yanımdakine aksettirdiğim için, ben pasifim. Böylesi süreçlerden edindiğim düşünceler, bana sıkıntı veren bedensel süreçlerden kaynaklanan çapraşık ve yetersiz düşüncelerdir. Şimdi de, arkadaşıma saldırmak için bir plan kurduğumu ve onu yere sereceğim anı kendimin belirlediğini düşünelim. Burada ben (normal jargona göre) aktifim ve aynı sonucu yaratıyorum. Söz konusu olayı bir muhakeme süreci önceliyordu ve bu süreç böyle bir sonucu zorunlu kılmamakla birlikte, söz konusu sonucu, arkadaşımın yere düşmesine neden olan rüzgârın baskısına ilişkin çapraşık algımdan daha doğru bir şekilde temsil etmiştir. Spinoza muhtemelen böyle bir muhakemenin, olaya neden olan sürecin "daha yeterli" bir düşüncesi olduğunu, bu yüzden daha bütünlüklü bir açıklama ve bundan dolayı da daha tam bir sebep olduğunu söylerdi.

Eğer sürecin tamamen yeterli bir düşüncesine sahip olmam mümkün olsaydı, o zaman söz konusu süreçle olan ilişkimde tamamen aktif olmam gerekirdi. Bilindiği gibi, yalnızca düşüncelerim yeterli olduğu sürece ben aktifim ve yere düşen bir beden gibi böylesine sonlu ve sınırlı bir şey hakkında hiçbir yeterli kavrayışa sahip olamam. Öyleyse, benim arkadaşıma saldırışım, benim ona çarpmamdan daha güçlü bir eylem olmasına rağmen, hâlâ büyük ölçüde ani bir öfkeydi. Daha da önemlisi, Spinoza'ya göre, bilinen anlamda hiçbir şekilde kendimizin olmayan eylem süreçlerinde tamamen aktif olabiliriz; örneğin, boşluğa düşen ve başına gelen olay hakkında yeterli bir kavrayışa sahip olan herhangi bir insan aktif iken; arkadaşına kasıtlı olarak saldıran, ama evrensel devinim yasalarından haberdar olmayan biri pasiftir. Bir düşüncenin, bir bütün olarak bize aşikâr olan bir zorunlulukla bir başka düşünceden doğduğu matematiksel ve felsefi muhakeme ortamını saymazsak, bitmiş eylemlerle sınırlı bir aşınalığımız vardır. Ve Spinoza, bu zorunluluğa itaat etmekte tamamen özgür olduğumuzu savunur.

Böylesi değerlendirmeler, Spinoza'nın şu ilginç doktrinini anlamamıza yardımcı olabilir; "aklın eylemleri yalnızca yeterli düşüncelerden doğarken, tutkular yalnızca yetersiz düşüncelere bağımlıdır" (*E* 3, 3). Yine de bu doktrin ancak, 3. Bölüm'deki ikinci kısımda ortaya koyduğum (ve dünyanın düzeninin, yeterli düşüncelerin düzeni olduğunu savunan) gizli iddia aracılığıyla tam olarak anlaşılabilir. Spinoza'ya göre, akıl, kendisini belirlediği sürece ve hakkında yeterli düşünceye sahip olmadığı şeylerin etkisinden kurtulduğu sürece aktiftir.

Düşüncelerin yeterliliği güç ile eşdeğerdir; düşüncelerim ne kadar yeterliyse, ben de o kadar bağımsızım. Spinoza'nın erdem olarak adlandırdığı şey dünyadan bu şekilde bağımsız oluştur; ve "erdem (*virtus*) ile güçten aynı şeyi anlıyorum" (*E* 4, Tanım 8). Erdem aynı zamanda mükemmelliktir ve Spinoza'ya göre mükemmellik ile gerçek tek ve aynı şeydir. Bu yüzden, insan söz konusu olduğunda, erdem, insanın varlığını sürdürmesini sağlayan *conatus*'un arttırılmasından oluşur. Son olarak, "zevk" (*laetitia*) "aklın daha yüksek bir mükemmellik düzeyine erişmesini sağlayan tutku" olarak, "acı" (*tristitia*) ise, "aklın daha alt bir mükemmelik seviyesine inmesini sağlayan tutku" olarak tanımlanmıştır (*E* 3, 11). Bu yüzden, Spinoza, öfkelendirici bir metafizik ve arsız tanımlamalar ile, doğruca kendi ahlak felsefesinin sonucuna varır; gücümüzü sürekli olarak arttırmak doğamızda vardır, bu durum tüm zevklerimizin kaynağıdır ve bu zevklere ulaşmamızı sağlayan süreç, bizi yeterli düşüncelere yönelten "aklın gelişmesi" süreci ile aynı şeydir. Eğer Spinoza' nın kullandığı argümanlar bununla sınırlı olsaydı, o zaman onun bu değerlendirmesini bir saçmalık ve öz-yanılgı olarak bir kenara itebilirdik. Ancak, ilkin, metafiziğin pek çok yoruma açık olduğunu, ikinci olarak da, Spinoza'nın tanımlarının, argümanlar yerine geçmek üzere değil, onun tam olarak neyi kast ettiğini ortaya koyacak bir tartışmada atılan ilk adımlar olarak tasarlandığını hatırlamamız gerekiyor.

Tutkuların geometrisi

Spinoza kendi ahlak felsefesini insanın "doğal tarihi" üzerinde inşa eder; ancak bu, baştan sona tümdengelimci bir biçimde, zorunlu olarak doğru kabul edilen dayanak noktaları üzerinde yükselen türden bir doğal tarihtir. Spinoza böylesi bir girişimin özgünlüğüne ilişkin olarak şunları söylemektedir:

> Tutkular ve insanların yaşam biçimleri üzerine yazanların çoğu, doğanın genel yasalarını izleyen doğal şeyleri değil, doğanın dışında olan şeyleri ele almış gibi görünüyor. Gerçekten de bu yazarların doğadaki insanı, egemenlik içindeki bir egemenlik olarak algıladığı anlaşılıyor... Benim, insanın kötülüklerini ve başarısızlıklarını geometrik bir tarzda ele almaya kalkışmam ve onların akla karşı, beyhude, saçma ve iğrenç olarak kınadığı şeyleri doğru bir muhakeme ile kanıtlamayı arzulamam, şüphesiz ki onlara en ilginç şey olarak görünecektir... [Ne var ki], öfke, hiddet, kıskanma gibi şeyler, kendi içlerinde değerlendirildiklerinde, diğer bireysel şeylerle aynı doğal zorunluluk ve olanaklardan kaynaklandıkları görülecektir; bu yüzden, bu şeyler, kendilerinin anlaşılmasını sağlayan belirli sebepleri ifade ederler ve bilgimiz için, en azından başka herhangi bir şeyin niteliği kadar değerli olan belirli niteliklere sahiptirler...
>
> (*E* 3, Önsöz)

Öyleyse, Spinoza'nın metafiziğinin gerçeğinden çıkan sonuç, tutkuların geometrisinin mümkün olduğu ve tutkular üzerinde yapılacak başka hiçbir incelemenin bizi öz-bilince ulaştırmayacağıdır. Bu yüzden, Spinoza duyguların *(affectiones),* tam olarak kendisinin Tanrı'yı ele aldığı biçimde incelenmesini önermekte ve "insanın eylemleri ile arzularını, kendisinin ele aldığı çizgiler, düzlemler ve nesneler" gibi görmektedir (*E* 3, Önsöz).

İnsan tutkularını felsefi olarak açıklama düşüncesi, hiçbir şekilde yeni bir düşünce değildi. Aquinas, *Summa Theologica*'da konu üzerine yaptığı etkileyici bir araştırmayı, çoğu yerde Spinoza'nınkine bir hayli yaklaşan bir tarzla ve insanın öz-yanılgısı bağlamında yine kısmen Spinoza'nın yoğun küçümsemelerini yansıtan sonuçlarla sunmuştu. Duygular üzerine Descartes da bir inceleme kaleme alırken, *Leviathan* adlı yapıtında Hobbes, tutkuları ve onların nedenlerini, Spinoza'yı açıkça etkileyen bir bağlamda tanımlamıştı. Ne var ki, Spinoza, çeşitlilik ve etkililik bakımından, kendi öncellerini bir hayli aşmıştı ve Spinoza'nın metafizik çıkarımlarının değerinin en açık biçimde ortaya çıktığı yer, tam da bu çıkarımların yapıldığı bu hassas ve rahatsız edici alandır. Spinoza da, tıpkı Hobbes gibi, duyguları birkaç yalın içerikle (kendilerine eşlik eden düşünceler ve nedensel tarihle birlikte arzu, zevk ve acı) tanımlamaya girişmesine rağmen, söz konusu içerikler, genel olarak aynı isimlerle adlandırdığımız akıl düzeyleriyle hiçbir şekilde karıştırılmamaları gereken karmaşık bir teorideki bağımsız varlıklardır. Bu yüzden, Spinoza getirdiği tanımlar aracılığıyla, duygularımızın temel niteliklerinin ilk ilkelerinden ve onlar arasındaki iç bağlantılardan oluşan bir köken ortaya koyar. Örneğin, acıdığımız bir şeyden nefret edemeyeceğimiz ya da kendisininkine eşit olmadığı sürece hiç kimsenin bir başkasının erdemini kıskanmayacağı gibi hususlarda Spinoza ile aynı görüşte olabilecek pek çok filozof vardır; keza, bu önermelerin, ampirik araştırmalar aracılığıyla değil de, felsefi tartışmalar aracılığıyla kanıtlanan zorunlu gerçekler olarak görülmesinde de Spinoza'ya katılabilecek pek çok filozof bulunur. Ancak zorunlu gerçekler hakkında böylesine aydınlatıcı bir ağ sağlayan ya da bu gerçeklerin ortaya çıkardığı bir soruna böylesine çarpıcı bir çözüm sunan filozofların sayısı bir hayli azdır; söz konusu sorun, Spinoza'nın da ifade ettiği gibi, insanın köleliği sorunudur.

Spinoza sevgiyi, dışsal bir neden düşüncesinin eşlik ettiği zevk olarak, nefreti ise, yine aynı nedenin eşlik ettiği acı olarak tanımlar. Spinoza bu tanımları başlangıçtaki tanımlar olarak değil de, daha ziyade, kendilerine denk düşecek bir ismi gerektiren ilginç sonuçların bir özeti olarak ortaya koyar. Ve tanımlarını ancak 3. Bölüm'ün sonunda sistematik bir hale getirir ve bu noktada, söz konusu tanımların keyfi bir bilimsel ad oyunu olmayıp, tanımlanan şeylerin "gerçek özüne" ilişkin tahminler olduğunu savunur. Spinoza bu noktada aynı zamanda şöylesi önermelerin doğruluğunu da kanıtlamıştır; "eğer herhangi bir şeyin, sevdiğimiz şeyi zevk ile etkilediğini düşünüyorsak, ona olan sevgimizden etkilenmekteyiz" (*E* 3, 22); kendimiz gibi olduğunu düşündüğümüz şeylerin duygusuna "öykünürüz" (*E* 3, 27); sevgilerimiz ve nefretlerimiz, başkalarının da onları paylaşmalarından güç alır (*E* 3, 32); sevgimize karşılık verilmesini sağlamaya çabalarız (*E* 3, 33); aşkta rakibimiz olanlardan nefret ederiz ve müstehcen düşüncelerin eşlik ettiği cinsel kıskançlıktan etkileniriz (*E* 3, 35 ve özellikle Skolium) ve benzeri. Spinoza'ya göre, böylesi gerçeklerin tümü, insanın özüne ilişkin zorunlu gerçeklerdir; insanın özü, gözleme değil, insan bedeninin "düşkünlükleri" hakkındaki iki anlaşılmaz ve soyut belitten yapılan rasyonel tümdengelime dayanmaktadır.

Tutkuların ıslahı

Spinoza duyguyu (affectus-bkz. Ek Sözlük) genel terimlerle şöyle tanımlar:

> Ruhun edilgenliği *(pathema animi)* olarak adlandırılan duygu, aklın bedendeki var olma gücünü *(vis existendi)* ya da bu gücün daha öncekiler dışındaki bir kısmının daha fazla ya da daha az ölçüde güvence altına alınmasını ve bahşedildiğinde, aklın bir şeyden ziyade bir başka şeyi düşünmesini sağlayan çapraşık bir düşüncedir (*E* 3, Ek).

Spinoza bu tanımda, duyguya ilişkin iki temel gerçeği ifade eder; birincisi, cisimleşmiş birer varlık olarak bizlerin varoluşuyla duygu arasındaki ilişki, bizim tam olarak anlamadığımız güçler tarafından yürütülmektedir; ikincisi ise, duygunun, "zihinsel bir doğrulama" veya bir yargı olarak sahip olduğu niteliktir. Başka türlü söylemek gerekirse, duygu bir anlama biçimi, ama içinde aklın daha büyük veya daha küçük bir "etkinliğinin" ifade edilebildiği, çapraşık bir anlama biçimidir. Bu tanımı -tartışmanın dayanak noktası olarak değil de, bir sonucu olarak sunulan bu bölümdeki tüm diğer tanımları gibi- açıklayan Spinoza, şunu savunur:

> Aklın özü, içinde bulunduğu bedenin fiili varlığını doğrulamaktan (2, 11 ve 13) oluştuğuna göre ve biz mükemmellikten şeyin gerçek özünü anladığımıza göre, bundan şu sonuç çıkar; akıl, içinde bulunduğu bedeni ya da bu bedenin, önceye oranla daha az veya daha çok gerçeklik içeren bir kısmını teyit eden bir şeyi doğruladığında daha yüksek veya daha düşük bir mükemmellik seviyesine ulaşır (*E* 3, Ek).

Böylece her türlü tutkunun odak noktasında bulunan "zihinsel eylem" daha yüksek veya daha düşük bir zihinsel mükemmellik düzeyini, daha büyük ya da daha küçük bir gerçekliği veya daha fazla ya da daha az gücü ifade edebilir. Metafiziğin de gerektirdiği gibi, mükemmellik, gerçeklik ve güç tek ve aynı şeydir; zihinsel boyutları itibariyle, düşüncelerin "yeterliliği"ne eşdeğerdir. Bu yüzden, duygular, içlerindeki düşüncenin "yeterliliği"ne bağlı olarak önemli bir değişkenlik gösterirler; aklın kavramadığı süreçlerin kurbanı olduğu tutku ile, aklın, şeylerin gerçekliğinin aşkın bir düşüncesi aracılığıyla, mükemmellik ve güç kazandığı zihinsel eylem arasında değişen bir çeşitlilik.

Tutkuların "ıslahı" esasen, aklın, imgelemin düzensiz özdeği üzerinde üstünlük kazanmasına olanak veren pasiften aktife geçiş süreciyle mümkündür. Böylece, "aynı zamanda bir tutku olan duygu, biz onun hakkında açık ve ayrık bir düşünceye sahip olduğumuz andan itibaren tutku olmaktan çıkar" (*E* 5, 3). Spinoza'ya göre, bundan şu sonuç çıkar; "bir duygu bizler tarafından ne kadar çok tanınırsa, o kadar çok gücümüzün denetimine girer ve akıl da ona karşı o kadar az pasif olur" (*E* 5, 3, Sonuç).

Yakın dönemdeki birkaç felsefeci -özellikle de Stuart Hapmshire- Spinoza'nın felsefesinin bu boyutunu yürekten onaylamış ve bunun Fruedcu analizin ilk versiyonlarından birini oluşturduğuna inanmıştır: Spinoza'nın bu yaklaşımı Freud'un şu deyimi için metafizik bir temel olarak görülmüştür; "id'in olduğu yerde ego da olacaktır" (Spinoza'nın terimleriyle; haklarında açık bir bilgiye sahip olmadığım süreçler tarafından yaratılan çapraşık düşüncelerin kölesi olduğum yerde, yalnızca kendi koşullarımdan kaynaklanan yeterli düşüncelere sahip olduğumda, özgür olacağım). Bizden saklı olan şeylerin doğal akışı içinde ve özellikle de bedensel geçmişimize bağımlı olan bir akış içinde, duygusal yaşamımızın kapsamını fark ettiği için, böylesi filozoflar Spinoza'yı övmektedir. Ayrıca, Spinoza, bu bilinmez güçlerle aramızdaki çatışmada silahsız olmadığımızı ortaya koyduğu için de takdir edilmektedir; yani, bir öz-kavrayış çabasıyla, şu anda saklı olanı ortaya çıkarabiliriz ve bunu yapmakla da, kendi duygusal koşullarımız üzerinde aktif, belirleyici ve hâkim olabiliriz. Böylece, her şeye rağmen bizim olan bir kaderin kurbanları olmaktan çıkıp, tersine bu kaderin efendisi olabiliriz.

Spinoza'nın insan öğesi hakkındaki teorisi, şüphesiz ki, büyük ölçüde "bilinmez güçler" tarafından yönetildiğimiz biçimindeki görüşe kaynaklık eder. Daha önce de belirttiğim gibi, Spinoza'ya göre, benim eylemlerimin nedenselliğini yöneten hiçbir "öz", hiçbir "ilk kişi" yoktur. Daha da önemlisi, tutkularım tarafından son derece çapraşık bir biçimde bana sunulan algı, bedenin bir algısıdır; bu yüzden, Spinoza'ya göre, bu algı ancak daha iyi bir algıyla, söz konusu bedenin sergilediği doğal süreçlere ilişkin -"yeterli bir düşünceyle"- ıslah edilebilir. Buna rağmen, kişi bu düşüncelerde, Spinoza'nın duygu teorisinin gücünü değil, onun zayıflıklarını, özellikle de, duygusal yaşamımızın en önemli iki özelliğini değerlendirmedeki yetersizliğini görür; duygunun öznesi olarak kişinin statüsü ve bir nesne olarak dünyanın (bizim dışımızdakinin) statüsü. Duygular dışa yöneliktir; bir nesne üzerinde odaklaşır ya da bir nesneyi "tasarlar" ve enerjilerimizi bu nesneye yöneltirler. Spinoza'nın teorisi bu olguyu ("maksatlılık" olgusunu) kabul eder, ama onu tamamen yanlış bir şekilde tanımlar. Spinoza'ya göre, bir duygunun "yönelmişliği" -onu yaşadığımız haliyle- bir yanılgıdır ve etrafımızdaki dünyada değil de, öznenin bedeninde var olan süreçlerin muğlak bir temsilinden başka bir şey değildir (Spinoza'nın algı üzerine yaptığı yorumları daha önce değerlendirmiştik). Bu yüzden, size duyduğum sevgiyi, ne bu sevginin nesnesi olan sizleri anlayarak ne de onun öznesi olan kendimi anlayarak anlarım, tersine, benim bedenim olan ve içinde bir sevginin esrarengiz bir şekilde aynen bir kanser gibi büyüdüğü ve aklımı köleleştiren süreçleri ancak bulanık bir şekilde bana tanıtacak şekilde patlak verdiği bu garip fazlalığı anlayarak anlarım.

Bu tablo karşısında, duygunun, bedeni değil de, başka bir kişiyi ve kendimizi o kişi ile ilişki içinde anlamaya yönelik bir girişim olduğu mantıksal olarak söylenebilir. Tutkuların gerçek ıslahı, ötekiyi, fiziksel bir nesne değil, ama benim gibi bir kişilik olarak, daha derinden anlamakla mümkündür. Spinoza'ya göre, öteki, en iyi ihtimalle, benim onun hakkındaki düşünceme kaynaklık eden nedenler zincirinde bir halkadır ve hiçbir şekilde benim duygumun gerçek bir özdeği *(ideatum'u)* değildir. Böyle bir yaklaşımda, insan duygusuna ilişkin derin bir gerçeği görmek, insan olmanın ne demek olduğunu unutmak anlamına gelir. Geliştirdiği düşünce teorisi -kabul edildiği taktirde- insan maksatlılığı konusunda sahip olduğumuz temel çerçeveyi, yeniden inşa edilmiş bir biçimle, yenilediği için, Spinoza affedilebilir. Ancak, Spinoza'nın, "yeterli düşünce" teorisini kabul etmekten kaçınan ve Spinoza'yı, psikanalistin iğrenç ahlakını gerekçelendiren biri olarak kabul eden Freudcu müritleri, belki de, Spinoza'yı övmekle, tüm bunlara ilk defa ilham veren Spinoza'nın kendisinden daha suçsuzdur.

Özgürlük ve güç

Eğer Nietzche, insanın mutluluğunun ve özgürlüğünün, gücünün sürekli bir şekilde artmasından oluştuğu ve yalnızca nefret, kıskançlık, küçümseme ve öfkenin değil, ama aynı zamanda, aşkın varlığın yaşamında hiçbir yeri olmayan acı ile tevazunun da birer zaaf olduğu (*E* 5, 50, 53) biçimindeki tartışmayı daha sabırlı bir şekilde inceleseydi, "hasta bir münzevi" olarak gözardı ettiği bir filozofu övenlere kendisi de katılabilirdi. (Nietzche bu tartışmayı fark etmiş, ama çabucak gözardı etmiştir; bkz. *Ahlakın Soy Kütüğü,* 2, xv.) Spinoza'nın pozitif ahlaklılığı, Hıristiyan uygarlığının verili düşünceleri karşısındaki cüretkârlık bakımından olduğu kadar, "geometrik" katılığı bakımından da bir hayli çarpıcıdır ve bu ahlaklılığın üzerinde inşa edildiği "kişisiz" metafiziğe ikna olmayanlar bile, ulaşılan temel sonuçları ifade eden insan gerçekliğine gösterilen bilgece özenden faydalanacaktır.

Pozitif ahlaklılık iki boyuttan oluşmaktadır; bunlardan biri, az önce özetlediğim üzere, tutkuların disipline edilerek ıslah edilmesi anlamına gelen dünyevi boyut, diğeri ise daha dinsel ya da teması itibariyle, her koşulda derinlere inen bir boyuttur. Birinci boyutun geçmişi Aristoteles'e dayanır ve Spinoza'nın, "öz-yeterliliğin *(acquiescentia in se ipso)* umut edebileceğimiz en yüksek nesne olduğu" hususu (*E* 4, 52) ile "onurun *(gloria)* akıldan tiksinmediği tersine akıldan doğabileceği" hususu (*E* 4, 58) için sunduğu kanıtlar, Aristoteles'in erdem felsefesinin temel eksenlerini çağrıştırmaktadır. Spinoza'nın felsefesinin ikinci boyutu, nitelik bakımından Platon'a daha yakındır ve Hıristiyan feragat yolunda sayısız ortaçağ şairi ve din adamını yüreklendiren büyük neo-Platoncu ahlak çalışmalarından birini, Boethius'un *Felsefenin Avuntusu* adlı yapıtını akla getirmektedir. Spinoza'nın insan özgürlüğü sorunuyla direkt biçimde karşı karşıya geldiği yer, tam da onun ahlak teorisinin bu bölümüdür.

1. Bölüm'deki 7. Tanım'a göre; "özgür *(libera)* olduğu söylenen şey, yalnızca kendi doğasının zorunluluklarıyla var olan ve eylemlerinde yalnızca kendi tarafından belirlenen şeydir." Bu tanıma göre yalnızca Tanrı özgürdür; bu yüzden, zorunlu olarak kutsal doğadan (yani "dışsal nedenden") kaynaklanan insan eylemi "gerektirilmiştir" (agy.). Tanrı'nın özgürlüğü onun gücü ile, dışsal bir neden olmaksızın kendi değişimlerini yaratma gücüyle özdeştir. Kuşkulu bir gezenek olan "sürece" *(quatenus)* terimini kullanarak, özgürlük düşüncesini sonlu görünümlere kadar genişletmek mümkündür. Kendi eylemlerimizin "yeterli" nedenleri olduğumuz sürece, aynı ölçüde, dışsal bir nedenin yardımı olmaksızın eylemlerimizin yaratıcısı ve bu yüzden yine aynı öl-

çüde özgürüz. Bu kendine-bağımlılık konumunu, aklımızın yeterli düşüncelerle meşgul olduğu düzeye yaklaştırabiliriz. Yeterli bir dünya kavrayışına sahip olmamızı sağlayan "tutkuların ıslahı"nın aynısı bizi kurtuluşa, yani özgürlük derken kast edebileceğimiz gerçek şey olan kendi durumumuz üzerinde güç sahibi olmaya götürecektir. Bu yüzden Spinoza özgürlüğe yardımcı bir tanım getirir (*E* 4, 24); "insan ancak, insan doğasının yasalarıyla uyumlu bir şekilde var olma ve bu yasalar doğrultusunda hareket etme gücüne sahip olduğu sürece özgür bir insan olarak tanımlanabilir" ve bu da (*T* xvi, *P* ii, 11) "araştırma ve anlama ulaşma" anlamına gelir. Böyle bir özgürlük hiçbir şekilde, insan eyleminin zorunluluktan kurtulduğu anlamına gelmez. İnsan eylemlerini, tesadüfi oldukları için, özgür sayan kaba özgürlük düşüncesini özellikle bir kenara bırakmak gerekiyor. "Olasılık" ve "olabilirlik" düşünceleri, diye savunur Spinoza, dünyanın gerçek özelliklerini değil, yalnızca "aklımızın kusurlarını" yansıtır (*M* 1, iii, kısım 9; *E* 1, 33, Skolium 1); o nedenle, böylesi düşünceleri bir bilgi eksikliği olarak tanımlayabiliriz:

> Bireysel şeyleri ancak, özlerini tek başına ele aldığımızda, onların varlığını zorunlu olarak dayatan veya zorunlu olarak dışlayan herhangi bir şey bulmadığımız zaman tesadüfi şeyler olarak tanımlarım. Yine aynı bireysel şeyleri ancak, onları üretmesi gereken nedenleri ele aldığımızda, bu nedenlerin söz konusu şeyleri üretmek üzere belirlendiğini bilmediğimiz zaman olası şeyler olarak tanımlarım (*E* 4, Tanım 3 ve 4).

Birinci algı düzeyine ait olan insan özgürlüğü düşüncesi, cahilliğimizi kutsallaştıran türden bir düşüncedir:

Daha ileri bir algı bağlamında, bir taşın, devinim halindeyken, elinden geldiğince, devinimini sürdürme çabası içinde olduğunu düşünme ve bilme kabiliyetine sahip olmasını dilerdim. Yalnızca kendi çabasının farkında olan ve hiç de kayıtsız olmayan böyle bir taş, kendisinin tamamen özgür olduğunu ve yalnızca kendi isteğiyle devinmeye devam ettiğini düşünecekti. İşte herkesin, sahip olmakla böbürlendiği ve yalnızca, insanların kendi arzularının farkında oldukları, ancak bu arzuyu belirleyen nedenler hakkında cahil oldukları olgusundan oluşan insan özgürlüğü de böyle bir şeydir. (*C* LVIII)

Eylemlerimizin nedenselliğini ne kadar çok bilirsek, rastlantısallık ve olasılıkla ilgili düşüncelerimize o kadar az yer ayırırız. Ne var ki, nedensellik bilgisi, özgürlüğe olan inancı geçersiz kılmaz, tersine onu haklı çıkarır. Köleliğimizi yaratan şey, imgelemden kaynaklanan aldatıcı bir özgürlük düşüncesidir; zira şeylerin tesadüfiliğine, yalnızca aklımız pasif olduğu sürece inanırız. Şeyleri (yeterli düşünceler vasıtasıyla) ne kadar çok zorunlu görürsek, onlar üzerindeki gücümüzü o kadar çok arttırır ve böylece o kadar çok özgür hale geliriz (*E* 5, 6). Özgürlük, zorunluluktan özgürleşmek değil, tersine zorunluluk bilincine sahip olmak anlamına gelir. Aklımız matematiksel bir kanıtla, tümüyle mantıksal bir zorunluluk tarafından belirlenir, ama aynı zamanda "kontrolü" tümüyle elinde tutar; ve Spinoza'ya göre, bu bizim özgürlük paradigmamızdır. Eğer özgürlük, mantığın zorunluluklarından özgürleşmek anlamına gelseydi, o zaman hiçbir değere sahip olmazdı (*C* XXI).

Özgür insan, kendisine dayatılan zorunlulukların farkında olan insandır. Spinoza böyle bir insanın zihinsel koşullarının tanımına pek çok sayfa ayırır. Böyle bir insan, nefretin, kıskançlığın, küçümsemenin ve diğer negatif duyguların önüne geçmiştir; korkudan, umuttan ve batıl inançlardan etkilenmez; erdemin güç, gücün özgürlük, özgürlüğün ise mutluluk olduğu bilgisinden emindir. "Özgür bir insan, ölümden başka hiçbir şeyi düşünmez ve onun bilgeliği, ölüm üzerine değil, yaşam üzerine yapılmış bir meditasyondur" (*E* 4, 17). Böyle bir insanın kutsallığını, "kaynağını aklın özgürlüğünden alan bir sevgi" tarafından aynı ruh içinde bir araya toplanan şeyler bütününün yüce düşüncesi teşkil eder (*E* 4, Ek).

Bunun da ötesinde, "kendisini ve duygularını anlayan biri Tanrı'yı da sever ve Tanrı'yı ne kadar çok severse, kendisini ve duygularını da o kadar çok anlayacaktır" (*E* 5, 15). Zorunlu olarak bilgi arayışından doğan bu sevgi, entelektüel bir sevgidir *(amor intellectualis Dei).* Akıl Tanrı'yı severken tamamen aktiftir ve bu yüzden, düşüncesinin nesnesiyle sürekli, ama tutkusuz bir şekilde birleşir. Tanrı ne tutkuyu, ne zevki ne de acıyı yaşar (*E* 5, 17) ve bu yüzden duygulardan bağımsızdır. Tanrı ne iyileri sever ne de kötülerden nefret eder (*C* XXIII); gerçekten de Tanrı ne kimseyi sever ne de kimseden nefret eder (*E* 5, Sonuç). Bu yüzden, "Tanrı'yı seven herhangi biri, Tanrı'nın da buna karşılık olarak kendisini sevmesi gerektiği gibi bir sonuca ulaşmaya çalışamaz" (*E* 5, 19). Tanrı'ya gösterilen sevgi tümüyle karşılıksız bir sevgidir ve "ne kıskançlık ne de hasetle kirletilemeyen, tersine, insanları böyle bir sevgi bağıyla Tanrı'ya bağlanmış varlıklar olarak tasavvur ettiğimiz sürece, daha da artan bir duygudur" (*E* 5, 20). Gerçekten de, insanların entelektüel Tanrı sevgisi, "Tanrı'nın da kendi kendisine gösterdiği sevginin ta kendisidir" (*E* 5, 36). Tanrı'yı severken, kutsal akla ve orada oluşan kişisel olmayan ve evrensel sevgiye daha çok iştirak ederiz; zira her ne kadar Tanrı bizim sevgimize karşılık vermiyorsa da, Tanrı yine de, insanlarda ve insanlar aracılığıyla kendisini sevdiği sürece, insanları sevmiş oluyor. Sonsuz bir sevgi "bizim kurtuluşumuzu, huzurumuzu ya da özgürlüğümüzü" teşkil eder.

Spinoza, insanın kutsallığı hakkında sürdürdüğü tartışmaya, insanın ölümsüzlüğü konusunda, tekil ve bir bakıma Platoncu bir kanıtı ya da daha az tatminkâr olan şöylesi bir önermeyi de dahil eder; "insan aklı, insan bedeni tarafından tümüyle ortadan kaldırılamaz, akıldan geriye sonsuz olan bir şeyler kalacaktır" (*E* 5, 23). Bu görüşe kaynaklık eden muğlak kanıt, Spinoza'nın, aklın yeterli düşünceler aracılığıyla, dünyayı *sub specie aeternitatis* olarak, yani zamana göndermede bulunmadan, görme noktasına geldiği biçimindeki yaklaşımına dayanmaktadır. Aklın özünü, onun sahip olduğu yeterli düşünce kapasitesi teşkil eder. Ne var ki, bu özün zaman içinde anlaştırılması yeterli düşünceler ile açıklanamaz, çünkü yeterli düşünceler hiçbir zamansal referans içermemektedir. Böylesi düşünceler, içkin olarak değil, yalnızca ölümlü bedenle kurulan bağlantıları aracılığıyla "süre" kazanırlar:

> Bu yüzden aklımızın varlığını sürdürmesi ve onun bu var oluşunun belirli bir zaman dilimiyle tanımlanması, ancak aklımız bedenin fiili varlığını gerektirdiği sürece mümkündür ve aklımız, şeylerin varlığını zaman aracılığıyla belirleme ve onları süre boyutu altında algılama gücüne ancak böyle bir durumda sahip olabilir. (*E* 5, 23, Skolium)

Bazı zorluklar

Birkaç yorumcu (daha önceki versiyonu, *S*, II, 23'te geçen) bu kanıtın ne inandırıcı ne de tam olarak anlaşılır olduğunu saptamıştır; şu nedenle ki, söz konusu kanıt, Spinoza'nın, cisimleşmemiz hakkındaki resmi teorisini reddediyor gibi görünmektedir. Buna rağmen, sistemin temel problemlerinden birine tekrar dönmemiz yine de ilgi çekicidir; bu zaman problemidir. Samuel Alexander, Spinoza'nın, pek çok metafizikçi gibi, "zamanı ciddiye almakta başarısız kaldığını" savunmuştur; tıpkı Platon, Leibniz ve pek çok diğer rasyonalist gibi, Spinoza da, son tahlilde zamanı gerçekdışı olarak değerlendirmiştir. "Süre", diye savunur Spinoza (C XII), "yalnızca görünümlerin varlığına uygulanabilir; tözlerin varlığına ise sonsuzluk uygulanır." Spinoza, Kant'ın argümanları ile çarpıcı bir benzerlik oluşturan bir tarzla, savunmasını şöyle sürdürür; "ölçü, zaman ve sayı, yalnızca düşünmenin ya da daha ziyade imgelemenin görünümleri olmaktan ibarettir" (C, agy.). Bizler dünyayı duyular aracılığıyla anlarken, onu, zaman içinde düzenlenmiş ve uzay içinde çeşitlendirilmiş olarak görürüz. Bu yüzden dünyaya, onun temelini oluşturan gerçeklik bakımından hiçbir geçerliliği olmayan zamansal ve aritmetik nosyonlar uygularız. Aklın evreni zamansızdır ve ondan çıkan her türlü gerçek sonsuz olarak gerçektir.

Öyleyse, nasıl olur da rasyonel bir varlık, kendisiyle özdeşleştirilecek bir yaşama sahip olacak biçimde, zaman içinde var olabilir? Spinoza, "zamansız olan ile zaman arasındaki kesişme noktası/Azizler için bir meşgaledir" diyen Eliot ile hemfikir olabilirdi; ancak, bu noktaya ulaşmak demek, daha baştan o noktayı aşarak, süreden ve onun kısıtlamalarından tamamen bağımsız olan bir dünyaya geçmek anlamına gelir. Böyle bir dünyada ne devinim ne tutku ne de çeşitlilik vardır, sadece sonsuz ve değişmez bir durgunluk vardır. Bu yüzden:

> bilge insan, böyle biri olarak değerlendirildiği sürece, ruhunda nadiren devinim olandır; ancak, belirli bir sonsuz zorunluluk aracılığıyla, kendisinin, Tanrı'nın ve şeylerin bilincinde olan biri olarak, hiçbir zaman ortadan kalkmaz, tersine sonsuz bir şekilde doğru olan bir gönül rahatlığına *(acquiescentia)* sahip olur. (*E* 5, 47, Skolium)

Spinoza'nın ahlakını, onun kendi kendisine geldiği sonuca ulaşmasını sağlayan böyle bir açıklamayla noktalamak isabetli olacaktır. Ancak okur, -üzerinde daha fazla durduğumuz takdirde- bu soylu yapıyı yerle bir edebilecek olan kuşku yumağını bir kez daha fark etmiş olacaktır. Spinoza'nın düşüncesinin odak noktasında, filozofun kanıtladığı her şeyi, özellikle de fazlasıyla sağladığı kanıtlama yardımı sayesinde, geçersiz kılacak gibi görünen küçücük "*quatenus*" sözcüğü bulunur. Spinoza bu sözcük aracılığıyla, mutlak ve aşılmaz olan farklılıkları (insan ile Tanrı, sonsuzluk ile zaman, özgürlük ile zorunluluk, eylem ile edilgenlik ve bağımsızlık ile bağımlılık arasındaki farklılıkları) derece farklılıkları olarak tanımlamakta ve böylece geçişin mümkün olmadığı bir yere geçişi önermektedir.

Spinoza'nın bu kavramı kullanış tarzları içinde en rahatsız edici olanı, herhalde onun insandan, düşünceleri yeterli olduğu "sürece" söz etmesidir. Spinoza böylelikle bir bakıma, tek ve aynı şeyin daha az ya da daha çok yeterli algısına sahip olabileceğimizi ve bu yüzden yeterliliğin de bir derece sorunu olduğunu önerir gibi görünüyor. Böyle bir öneri tam olarak, bir kanıtın daha az ya da daha çok geçerli olabileceği düşüncesine tekabül eder. Bizi bilgeliğe ve Spinoza'nın kutsallığına götüren yol, *quatenus*'un çamuruna böyle daha pek çok kez saplanmayı gerektirmektedir. Spinoza'nın siyasal felsefesini takip etmenin zevklerinden biri, bu yolu terk ederek daha yüksek alanlara çıkabilme, böylece daha sağlam ve daha rahat bir şekilde yokuş-aşağı ilerleyebilme olanağına sahip oluşumuzdur.

6. Siyasal Oluşum

Ethika, daha yüksek algı düzeylerine çıkmış olan, tutkularını denetim altına alan ve hem kendisinin hem de dünyanın kavrayışına ulaşan özgür insanı tanımlar. Ne var ki, halk birer özgür insan olarak yaşamaz. Halkın yaşamına imgelem yön verir ve böylece halk, bilgi aracılığıyla gelen kutsallıktan habersiz kalır. İnsanlar aynı zamanda toplum içinde yaşar ve aralarındaki ilişki sayesinde her birinin gücü artar. Düşünceleri ve duyguları yararlı bir şekilde kendisininkilerle birleşebilecek kişilerle ilişki kurma çabasının getirdiği sevgi ve onur, özgür insanı bile -aslında özellikle özgür insanı- cezbeder. Bu yüzden, insanların uyum içinde ve ortak çıkarları doğrultusunda yaşamalarını sağlayabilecek kural ve ilkeleri ortaya koymak gerekmektedir. Bu sorun bilimsel bir çözüm gerektirir; işte bu yüzden, politika felsefi bir kaygı haline gelmektedir.

Geçmiş

Önce Hollanda'da ardından da, Spinoza'nın yaşadığı dönemde, İngiltere'de meydana gelen iç savaşlardan edinilen deneyim, Rönesans-sonrası siyasal düşüncenin iki temel yapıtını ortaya çıkarmıştı; bunlar, Grotius'un *Savaşın ve Barışın Yasası Üzerine* adlı eseri ile Hobbes'un *Leviathan* adlı yapıtıydı. Spinoza'nın siyasal yazmalarının bu iki başyapıtla ve aynı zamanda Spinoza'nın *Politik İnceleme* adlı eserinin tarzını ve yapısını borçlu olduğu Makyavelli'nin *Prens ile Söylevler* adlı eserleriyle boy ölçüşebilecek güçte olduğunu söylemek, Spinoza için hiç de küçük bir övgü sayılmaz.

Etrafındaki güçlerle her türlü uzlaşmayı reddeden muhalif bir İspanyol Yahudisinin, on yedinci yüzyıl Avrupasında, huzur içinde yaşayabileceği yerlerin sayısı bir hayli azdı. Ancak Hollanda barışı bir bedel karşılığında elde edilmiş ve Utrecht Birliğin'den beri zaman zaman patlak veren çatışma ve gerginliklerin pek çoğu, çözülmemiş olarak kalmıştı. On yedinci yüzyıl Hollandası ile yirminci yüzyılın totaliter devletleri arasında hiçbir benzerlik yoktu; yine de, tetikte bekleyen Kalvinist Kilise tarafından bir uyum baskısı uygulanıyor ve Katolikler ile İtirazcılar'a yapılan sürekli baskıdan dolayı, düşünce ve inanç özgürlüğü, günün temel sorunlarından biri haline geliyordu.

Hollanda'da yaygın bir şekilde okunan Hobbes, temel ilkelerini insan doğası üzerine yapılan bir çalışmadan alan, buna karşılık ifşanın tartışmalı kanıtlarına herhangi bir göndermede bulunmayan ve hem çok yönlü hem de laik olan yönetim teorisiyle büyük takdir toplamıştı. Öte yandan, Hobbes kurumlar hakkında bir ayrıntılı teori ortaya koymamış ve böyle bir teoriye duyulan ihtiyaç, John Calvin'in *Institutes [Kurumlar]* adlı yapıtını okuyanların gözünden kaçmayacaktı. Spinoza'nın *Teolojik-Politik İncelemeler* adlı eseri, hem Hobbes'a hem de Calvin'e verilen bir karşılıktı. Eserin ilk kaygısı, hoşgörü, ılımlılık ve kendisini-sınırlayan bir yönetim ilkelerini savunmaktı. Tıpkı Hobbes gibi, Spinoza da politikasını bir insan doğası teorisine dayandırıyordu. Ne var ki, Spinoza'nın tekil bir devlet kavrayışı için ikili bir gerekçelendirme -dinsel ve felsefi bir gerekçelendirme- gerektiren açıklamaları, onun öncellerininkinden radikal bir şekilde farklıydı. Bu her iki açıklama türü, imgelem ile akıl arasındaki bölünmeyi ifade eder. İnsanlar bu her iki güç tarafından yönetildikleri için, her iki güç içinde geçerli olabilecek argümanları sunmak gerekmektedir. Her vatandaş, kendisini yöneten yasaları neden kabul etmesi gerektiğini başka türlü anılmayacaktır. Böylece, *Teolojik-Politik İncelemeler* boyunca, İncil'in yorumlarına, Yahudi yasalarına ve Hıristiyan ilahiyatına vurgu yapılmıştır; benim burada adil olarak davranamayacağım bu vurguyu Spinoza'nın kendisi başlıca öneme sahip bir olgu olarak değerlendirmiştir, zira Spinoza böylesi bir yaklaşımın dinsizlik suçlamaları karşısında kendisini aklayacağını düşünmüş (ve görüldüğü gibi, böyle düşünmekle hata etmiştir).

Din

Gerçek din ile gerçek felsefe birbiri ile özdeştir ve her ikisi de entelektüel Tanrı sevgisinden oluşur. Ne var ki, mevcut insan dinlerinin tümü, daha ihtiraslı ve daha zamansal bir temel üzerinde inşa edilmiştir. Bu dinler Tanrı'yı *sub specie durationis* olarak görür ve onu yetersiz ve hayali düşünceler vasıtasıyla sunarlar. Tanrı sık sık, insan kalbinin sonlu ihtiraslarına, hatta insanlığın bedensel yapısına ve yüz ifadesine sahip biri olarak temsil edilmektedir. Ne var ki, "insanı mükemmel hale getiren nitelikler, tıpkı bir fili ve eşeği mükemmelleştiren niteliklerin insana atfedilmesi gibi, Tanrı'ya ancak sakat bir şekilde atfedilebilir" (*C* XXIII). İnsanbiçimci bir Tanrı'ya tapmaya alışmış insanlar, kendilerini yöneten yetersiz algıya, dinsel faaliyetleri aracılığıyla, daha derin bir şekilde gömülmüşlerdir. Onlar için beklenebilecek en iyi şey, onların ruhsal gıdalarını aldıkları katı örneklerin, muğlak ve eğretisel bir biçimde bile olsa, aklın sonsuz gerçeklerini ve kutsal bir huzurun taklidini içermesidir. Bu yüzden, Kutsal Kitap'ın, yasaları dile getiren bölümleri son derece büyük bir değere sahiptir, zira bu yasalar gücünü, son tahlilde, yeterli bir Tanrı düşüncesine borçludur. Hikâyeler ve örneklemeler bağlamında ise, Spinoza, "doğu sözcelerini" düz olarak anlama biçimindeki Hıristiyan alışkanlığına karşı uyarıda bulunur; Kutsal Kitap zorunlu olarak "insan dilinde" yazılmıştır ve Yahudi okurlar böyle bir dili mecazi bir şekilde okumakta bir hayli deneyimlidirler:

> Kutsal Kitap, Tanrı'nın günah işleyenlere kızgın olduğunu, Tanrı'nın insan eylemlerini izleyen, insanları yargılayan ve insanlara ceza veren bir Yargıç olduğunu söylediğinde, insan diliyle, yani kitlelerin verili düşüncelerine uyarlanmış bir tarzla konuşmaktadır; zira Kutsal Kitabın maksadı ne felsefe öğretmek ne de insanları bir bilge haline getirmektir; onun maksadı yalnızca insanları itaatkâr hale getirmektir. (*C* LXXVIII)

Böylesi bir itaat alışkanlığı, imgelem ile yaşayan insanlar için, huzurun ve hoşnutluğun en sağlam klavuzudur. Bu yüzden din bir devletin yaşamında zorunlu bir öğedir ve dinin buyrukları ile gelenekleri sivil otoritelerin korunmasını sağlamaktadır.

Spinoza'nın, felsefenin yüce kavramları ile kalabalığın batıl inançları arasında yaptığı ayırım, onun politikasını anlamak bakımından vazgeçilmez bir öneme sahiptir. Spinoza insanın, irrasyonel ve hatta saçma inançlara olan bağımlılığını kabul eder; bu bağımlılık hem sosyal varoluşun temeli hem de gerçek siyasal düzenin önündeki etkili engeldir. Spinoza insanbiçimci dinin tüm temel doktrinlerini reddeder ki, reddetmek zorundadır. Mucizeler imkânsızdır ve mucizelere duyulan inanç, özel bir keyif veren bir cahillik türünden başka bir şey değildir (*S* II, 24; *T* vi). Tanrı'nın İsa'da vücut bulması da imkânsızdır; bu düşünce, gerçek bir Tanrı düşüncesiyle uyumlu olacak tarzda, mecazi bir şekilde yorumlansa bile (*C* LXXVIII). Hiddet, ceza, ödül ve merhamet gibi kavramların Tanrı için hiçbir geçerliliği yoktur ve Tanrı'nın bizim dualarımızla harekete geçebileceğini ya da dualarımızın karşılığını yerine getirmekle ilgileneceğine inanmak yanlıştır.

Öte yandan, Tanrı'ya tapmak doğru ve gereklidir ve "her kilisede, adalet ve hayırseverlikle Tanrı'ya tapan gerçekten onurlu kişiler vardır." Kiliseler arasındaki farklılıklar, farklı imgelem tarzlarını yansıtmaktadır ve bunlar arasında tercih yapmanın hiçbir felsefi nedeni olamaz; en fazla siyasal bir nedeni olabilir. Öyleyse tercih nasıl yapılacaktır? Cahil insanlar arasındaki barışın koşulu olan halk dini, aynı zamanda bu insanlar arasındaki savaşın nedenidir. Bu yüzden devletin görevi, karşıt dinsel tarikatlar arasındaki çatışmayı hafifletmek ve dinsel faaliyete gösterilecek itaati, yalnızca tüm makul insanlar tarafından kabul edilebilecek bir asgari düzeyde tutmaktır. Spinoza kendi hoşgörü ilkesini, yasal olarak kurumlaşmış olan dini kabul ettiğini gösterecek biçimde, tamamen Hıristiyan bir dil ile ifade etmiştir. Ancak, "Türkler ve Hıristiyan-olmayan diğer uluslar söz konusu olduğunda; eğer onlar, komşularına adalet ve merhamet göstererek Tanrı'ya tapıyorlarsa, Muhammed ve onun öğütleri hakkında cahil bir şekilde neyi savunurlarsa savunsunlar, ben onların İsa'nın ruhuna sahip olduklarına ve kurtuluşa tabi olduklarına inanırım" (*C* XLIII). Pek çok pasaj Spinoza'nın -on yedinci yüzyıl Hollandasın'da geçerli olan koşullardan daha farklı koşullar altında- hoşgörünün gereksinimlerine uyduğu sürece, tamamen farklı kurumsal bir dini onaylamaya hazır olduğunu açık bir şekilde ortaya koymaktadır. Egemen olacak dinin biçimi, hükümran devlet tarafından siyasal bir zeminden hareket edilerek belirlenecektir:

> Tıpkı yasa gibi, din de gücünü yalnızca hükümdarın buyruklarından alır. Geçici yöneticiler aracılığıyla hükümdarlık sahibi olması dışında, Tanrı insanlar arasında hiçbir özel krallığa sahip değildir. Bunun da ötesinde, dinsel töreler ve dışa yönelik dini vecibeler, kamunun barışı ve refahı ile

> uyum içinde yerine getirilmeli ve bu yüzden hükümran güç tarafından belirlenmelidir. (*T* xix)

Dinin bu şekilde geçici gücün gerisine konulması yalnızca dışsal dini vecibeler için geçerlidir ve kurtuluşa giden içsel yol için hiçbir bağlayıcılığı yoktur. Çünkü özgür insanın içsel dini hukuğa tabi olamaz:

> [din] dışa yönelik eylemlerden ziyade kişiliğin sadeliğinden ve içtenliğinden oluştuğu için, yasaların ve kamusal otoritenin kapsamı dışındadır. Kişiliğin sadeliği ve içtenliği ne yasaların baskısıyla ne de devletin otoritesiyle sağlanabilir... (*T* vii)

Özgürlük

Düşünce kendine has yasalar tarafından yönetildiği ve insan hâkim güç tarafından değil de, aklın kutsal zorunluluğu tarafından çeşitli sonuçlara varmaya zorlandığı için, düşünceyi hukuk aracılığıyla kontrol altına alma girişimi bir bakıma saçmadır. Daha da önemlisi, aklın kamusal olarak ifade edilmesine kısıtlamalar getirmek, insanın en büyük barış ve uyum kaynağını ortadan kaldırmak anlamına gelir; bu kaynak, çatışmanın rasyonel bir şekilde tartışılması ve ortak gerçek arayışıdır. Öyleyse, barışı baltalayan gerçek kişiler, özgür bir devlette, kendi zorbaca yönetimleri altına alamadıkları düşünce özgürlüğünü kısıtlamaya çalışan kişilerdir (T xx). Bu yüzden, hiçbir devlet, düşünce ve fikir özgürlüğüne izin vermeden, akıl ile uzlaşma içinde olamaz;

> yönetimin amacı, insanları rasyonel varlıklar olmaktan çıkarıp hayvanlara ya da kuklalara dönüştürmek değil, tersine onların akıllarını ve bedenlerini güvenli bir şekilde geliştir-

melerini ve mantıklarını dizginlenmemiş bir biçimde kullanmalarını sağlamaktır; ne nefret ve öfke gösterip düzenbazlık yaparak ne de kıskanç ve adaletsiz gözler tarafından gözlenerek. Aslında yönetimin gerçek amacı özgürlüktür. (*T* xx)

Böyle bir düşünce ve ifade özgürlüğü, eylem özgürlüğü ile, özellikle de ifade aracılığıyla eylem özgürlüğü ile karıştırılmamalıdır. Samimi bir şekilde doğru olduğu düşünülen şeyin dingin ifadesi hiç kimse için bir tehlike oluşturmaz; ancak gürültücü kalabalıkların -aklı dokunulmadan bırakırken imgelemi ateşleyen- retorik aracılığıyla ajite edilmesi, yasal yönetim için temel bir tehdittir. Bunun da ötesinde, vicdan özgürlüğü sivil itaatsizliği meşrulaştırmaz, en fazla muhalefeti haklı gösterebilir;

> bir insanın, belirli bir yasanın aklı selime ters düştüğüne ve bu yüzden söz konusu yasanın yürürlükten kaldırılması gerektiğine işaret ettiğini varsayalım; eğer bu kişi fikrini (yasa yapma ve yasaları feshetme yetkisine sahip yegâne mercii olan) üst düzey güçlerin değerlendirmesine sunuyor ve bu arada hiçbir şekilde söz konusu yasaya aykırı biçimde hareket etmiyorsa, bu kişi devletin takdirini hak etmiştir; ancak eğer yargıçları adaletsiz olmakla suçlayıp, halkı onlara karşı ayaklandırıyorsa ya da yargıçların rızası olmaksızın kışkırtıcı bir şekilde yasayı yürürlükten kaldırmaya çalışıyorsa, o zaman yalnızca bir ajitatör (karıştırıcı) ve asidir. (T xx)

Çünkü, yurttaşlar bir devleti oluştururken, toplu bir sosyal sözleşme temelinde bir araya gelir ve kendi özgür eylem haklarını egemen yapıya teslim ederler. Ancak aynı yapıya kendi özgür düşünce haklarını teslim etmezler, çünkü bunu yapamazlar. Bu yüzden yetkili merciler, özgür düşüncenin zorunlu sonucu olduğu ölçüde, ifade özgürlüğünü kabul etmeli, ama yasanın ve yönetimin meşru taleplerine ters düşen eylemleri içerdiği ölçüde de reddetmelidirler.

Kehanet ve politika

Spinoza'nın devlet anlayışı, aklın etkisine izin verecek biçimde örgütlenmiş bir yasalar ve kurumlar sisteminden oluşur. Spinoza örtük bir şekilde, akıl tarafından klavuzluk edilen felsefenin gücünü, kehanet tarafından klavuzluk edilen inancın gücü ile kıyaslar. Kehanet tarafından kendilerine klavuzluk edilen insanlar, nihayi ifşalara başvurarak işlerini düzenlemeye çalışırlar; böylesi ifşaların akıl içinde hiçbir temeli bulunmayabilir; yine de inanan tarafından sorgulanmayacaklardır. Bilge peygamberler tarafından kendilerine klavuzluk edilen insanlar, gerçekten de barışçıl bir şekilde kendi gelişimleri doğrultusunda yönlendirilebilirler. Ama aynı zamanda doğru yoldan saptırılabilirler de.

İşlerimizi ifşa aracılığıyla düzenleme girişimi, "kehanet düzeni" olarak adlandırabileceğimiz, tuhaf bir toplum türünün ortaya çıkmasına yol açar. Kehanet düzeni, düşünce özgürlüğü ile savaş halindedir ve kutsanmış ifşalarının azılı bir savunucusudur; böyle bir düzende insanlar, yasa temelindeki özgür bir ortaklıkta birleşmek yerine, peygamber tarafından, sadakâtlerinin ilk koşulu olarak tabi olmak zorunda kaldıkları, ortak bir hedefe doğru yönlendirilmişlerdir. Kehanet düzeni, yasa, sivil kurumlar, liberal eğitim ve fikir olmaksızın varlığını sürdürebilir. Etrafındaki dünya ile, sağlam bir kavgacılık maskesi takarak yüzleşebilir ve sesini beyhude bir şekilde susturmaya çalıştığı rasyonel düşüncenin tehdidini iliklerinde hissedebilir.

Kehanet düzeni ile, insanların işlerinin akıl tarafından hafifletilip yönetildiği ve bu yüzden fikir özgürlüğüne yönetimin vazgeçilmez koşulu olarak değer biçildiği siyasal düzen arasında fark vardır. Siyasal düzen insanları ortak bir hedef etrafında birleştirmeye çalışmaz, bunun yerine, insanların, aralarında doğabilecek ihtilafları çözecek biçimde, çeşit çeşit amaçlarını geliştirmelerini sağlar. Bu yüzden bir siyasal düzenin ilk örgütlenme ilkesi yasalardır ve bu düzen yasaların akla itaat ederek gelişmesini sağlayacak kurumları teşvik eder. Bu kurumlar her şeyden önce laiktir ve devletin düzeni de, uzlaşma, hoşgörü ve adalet üzerinde inşa edilmiş laik bir düzendir. Siyasal düzen etrafındaki dünya ile barışçıl bir uyumla yüzleşir ve komşuları ile arasındaki farklılıkları güç aracılığıyla değil, karşılıklı anlaşma aracılığıyla gidermeye çalışır.

Kehanet düzeni ile siyasal düzen arasındaki karşıtlık, Spinoza'nın pek çok argümanının kaynağını teşkil eder; onun sınırlandırılmış yönetim savunusuna kaynaklık ettiği kadar, sivil ve dinsel özgürlük savunusuna da temel teşkil eder ve Spinoza'nın, öz-yönetim politikasının en iyi biçimi olarak bir tür demokrasiyi savunmasını sağlar.

Böylesi bir ortaçağ metafiziğinden, bu türden modern bir siyasal düşünce sisteminin çıkmış olması olgusu, Spinoza'nın felsefesinin şaşırtıcı sonuçlarından yalnızca bir tanesidir.

Doğal yasa ve doğal hak

Grotius egemenliğin temeli ve insanlar arasındaki ihtilafların nihayi hakemi olarak doğal yasayı savunmuştur. Bu yasa akıl tarafından bize aşılanmıştır ve Tanrı bile bizzatihi ona itaat etmektedir. Eğer insanlar doğal yasaya itaat etmiyorlarsa, bu durum, aklın onların tüm davranışlarını yönetmemesinden kaynaklanmaktadır. Yasal bir sistemin amacı, akla, akılsız insanları harekete geçirebilecek etkin bir temsilci sağlamaktır. Hobbes da böylesi bir doğal yasa savunusuna soğuk bakmıyordu. Ne var ki, Hobbes buna, hakların, onları dayatacak güç olmaksızın hiçbir işe yaramayacaklarını ve bu yüzden politikanın temel gerçeğinin hak değil, güç olduğunu ekliyordu.

Spinoza her iki filozofa da kısmi olarak katılıyordu, zira Spinoza, haklar ile güç arasında herhangi bir ayırım yapmıyor ve evrenin daha baştan itaat ettiği yasa dışında, hiçbir "doğal yasa" tanımıyordu:

> biz burada evrensel gücü ya da doğal hakkı ele aldığımız için, akıl tarafından bizde yaratılan arzular ile diğer sebepler tarafından yaratılan arzular arasında bir ayırım yapamayız, çünkü, diğer sebepler tarafından yaratılan arzular da akıl tarafından yaratılan arzular kadar, doğanın birer sonucudur ve bir insanın kendi varlığını sürdürmesini sağlayan *conatus*'u yansıtmaktadırlar. Zira, ister bilgili ister cahil olsun, insan doğanın bir parçasıdır ve herhangi bir insanın eylemini belirleyen her şeyi, doğanın gücüne, yani şu veya bu insanın yapısıyla sınırlı olan türden bir güce dayandırmak mümkündür. Çünkü, ister aklın isterse de yalnızca arzunun klavuzluğu altında olsun, insan, doğanın yasaları ve kurallarıyla, yani doğal hakla (*ius naturae*) ile uyumlu olmayan hiçbir şeyi yapmaz. (*P* ii, 5)

Buradan çıkan sonuca göre, devlet içinde egemen bir güce sahip olan bir kimse, aynı zamanda bu gücü kullanma hakkına da sahiptir. Tıpkı Grotius ve Hobbes gibi, Spinoza da, bu gücün hükümdara, insanların "doğal durum"un çekişmeli düzensizliğinden, sivil bir toplumun (*civitas*-bkz. Ek Sözlük) barışına ve işbirliğine geçmelerini sağlayan bir "toplu sözleşme" aracılığıyla verildiğine inanıyordu (*T* xvi). Spinoza'ya göre böyle bir sözleşme, kulun haklarını etkin bir şekilde onun hükümdarına aktarır; ancak, kendilerine sahip olan şeyin özüne ait olan türden haklardan (veya güçlerden) feragat edilemeyeceği için, bu tür haklar (veya güçler) bu aktarımın dışındadır; "hiç kimse gücünü ve bunun bir sonucu olarak haklarını, insan olmaktan çıkmasına yol açacak biçimde, bir başkasına tümüyle aktaramaz" (*T* xvii). Bu yüzden, daha genel bir anlamda ifade etmek gerekirse, vazgeçilmez güçlerimizi oluşturan tüm şeylere ilişkin olarak "doğal bir hakka" sahip olmamız gerektiği mantıklı bir şekilde söylenebilir; yaşam, organlar ve akıl ile bizi tanımlayan *conatus* kadar gerekli olan bir öz-onaya sahip olma gücü. Böylece, "evrensel doğanın ve sonuç olarak her tekil şeyin doğal hakkı, onun gücü oranında genişler" (*P* ii, 4); bu da, filozofun siyasal iddiaları ile özdeş ve belirgin biçimde bu iddiaların lehine olan bir doktrin anlamına gelmektedir.

Adalet

Buradan, doğal durumdaki insanın sınırlı doğal haklara sahip olduğu sonucu çıkmaktadır. Böyle bir insan, ancak bir toplum içinde kendisine hâkim olmaya ve onu etrafındakilerle bir araya getirip, gücünü onların gücüyle birleştirerek arttırmasını sağlayan çıkarlar bütünü algılamaya başlar. İnsan, doğal durum içinde, imgelemin klavuzluğu altında iken, etrafındakileri doğal olarak benzersiz olan varlıklar olarak algılar ve güçsüz bir şekilde onlarla çekişir. Buna ek olarak, komşusuna adaleti dayatma gücünden yoksun olduğu için, aynı zamanda bunu yapma hakkından da yoksun olur; öyleyse doğal durum içinde hiçbir kötülük *(peccatum)* yoktur. Adalet ve kötülük, yalnızca egemenliğin *(imperium)* olduğu yerde vardır ve bu yüzden her ikisi de insanın siyasal koşullarının ürünüdür:

> Bu yüzden, adalet ve kişinin komşusuna gösterdiği merhamet de dahil olmak üzere, aklın kesinlikle tüm temel ilkeleri, ancak egemenlik hakkı aracılığıyla yasaların gücüne ve buyruklarına sahip olabilir; yani... yalnızca yönetme hakkına sahip olanların emirleri aracılığıyla. (*T* xix)

Bu yüzden, hükümdara yönelik itaatsizlik hiçbir zaman adalet aracılığıyla gerekçelendirilemez ve hükümranlık hakkı sonuç olarak, kendi kendisini-meşrulaştıran bir haktır. Kul arttırılmış gücünü, kendisini koruyan ve her noktada yönetilme zorunluluğuyla karşısına çıkan sivil topluma borçludur.

Her türlü egemen yapı yönetme hakkını kullanmakla birlikte, her türlü siyasal yapı aynı ölçüde mutluluğumuza ve özgürlüğümüze yardımcı olmaz. Bu yüzden özgürlük, çeşitli siyasal düzenlerin birbirlerinden ayırt edilmelerini sağlayan bir mükemmellik kriteri oluşturmaktadır. Bu kriter, nihayi bir kriter olarak anlaşılmamalıdır. Yönetim basit bir şekilde, özgürlüğe götüren bir araç olarak görülmemelidir, çünkü özgürlük, ayrı bir amaç olarak değerlendirilemeyecek ölçüde siyasal düzene bağlıdır; özgürlük daha ziyade, siyasal organizmanın, ondan koparılamayacak gerçek *conatus*'udur ve yönetimin kurumları olmaksızın elde edilmesi mümkün değildir.

"Constitutio libertatis"

Başka türlü söylemek gerekirse, ideal bir siyasal düzen, bir "özgürlük anayasası"dır ve anayasa *(iura)* ise, "egemen yapının *(anima imperii)* ruhudur" ("*P* x, 9). İnsan, kendi mutluluğunu oluşturan diğer özgürlüğü kavrayabilmek için, siyasal özgürlüğe ihtiyaç duyar; "bir insan, akıl tarafından yönetildiği ölçüde özgürdür; çünkü herhangi bir yardım almayan doğası tarafından yeterli bir şekilde kavranan nedenler tarafından bu ölçüde eyleme sevk edilmektedir" (*P* ii, 2). Bu "özgürlük nedenselliği" ancak özgür düşünce ve iletişim koşullarında bizi yönetebilir. Bizler belirsizliğin ve korkunun birer doğal avıyız; düşüncelerimiz imgelemin hakimiyeti altına girme eğilimindedir ve tutkun bir kurtuluş vaat eden kehanet düzenine kolayca kurban olabiliriz. Öyleyse, "barışın, savaşın yokluğundan ibaret olmayıp, daha ziyade, ruhun metanetinden filizlenen bir erdem olduğunu" fark etmeden, köleliği, korkunun ve çatışmanın ortadan kalkması olarak bağrımıza basabiliriz (*P* v, 4); ne var ki, "eğer kölelik, barbarlık ve yalnızlık barış olarak adlandırılacaksa, barış insanın maruz kalabileceği en büyük talihsizliktir" (*P* vi, 4). Spinoza'nın, sahte bir kehanet düzeni adına "barış için mücadele edenlere" verdiği cevap kısaca böyledir.

İnsanlar arasında gerçek bir barış olanağını sağlayabilecek şey yalnızca siyasal düzendir ve bizim böyle bir düzene gösterdiğimiz sadakât bir baskı ya da kölelik biçimi değil, tam tersine bir tür özgürlüktür. Liberal bir anayasanın yasalarına itaat etmekle, bizler aklın buyruklarına itaat etmiş oluruz ve aklın gereksinimlerine uymak demek özgür olmak demektir. Bu yüzden, liberal bir toplumun yurttaşı için, onun özgürlüğünün bağımlı olduğu koşulları tehdit eden sivil itaatsizlik, mevcut olanakların söz konusu yurttaş tarafından yalnızca kısmi olarak kavrandığı ve o nedenle kendi koşulları hakkında yalnızca yetersiz bir düşünceye sahip olduğu anlamına gelmektedir. Böyle bir itaatsizlik özgürlüğü değil, içsel köleliği ifade eder.

Siyasal bir düzenin ilk ilkesi özgür fikir akışıdır. Akıl, ancak böyle bir ilke hayata geçirildiği zaman, devletin temelini ortadan kaldırmadan politika yapılmasını etkileyebilir.

Devletin doğası

Sivil bir toplum, birleşmiş bir aracılık biçimidir. Böylesi bir toplumun bileşenleri insan bireyleri olmakla beraber, söz konusu toplum aynı zamanda kendine has bir yaşama ve bireyselliğe de sahiptir. Başka türlü söylemek gerekirse, böyle bir toplum, kendi varlığını sürdürmek üzere kendisine mutlak bir hak veren kendi *conatus*'una sahiptir. Bu yüzden, sivil bir toplum, "kendi yıkımının nedeni olabilecek şeyleri yaptığında ya da yapmak zorunda bırakıldığında, yanlış bir şey yapmış olur" (*P* iv, 4). Siyasal oluşum, tıpkı insan bedeni gibi, daha az ya da daha çok güce, daha az ya da daha çok erdeme ve daha az ya da daha çok özgürlüğe sahip olabilir. Erdem, güç ver özgürlük tek ve aynı şeydir ve akıl ile özdeştir. Politikanın görevi, akla itaat edecek bir oluşumu inşa etmektir; tıpkı bir bireyin görevinin aklın yasalarını anlayıp onların egemenliği altına girmek olması gibi.

Devletin bu şekilde akla itaat etmesi, yöneticinin erdemi aracılığıyla değil, yöneticinin erdemini önemsiz hale getiren bir anayasanın benimsenmesiyle güvence altına alınabilir; "eğer bir devletin varlığını uzun süre koruma kabiliyetine sahip olması isteniyorsa, bu devletin yönetiminin, devletin yöneticilerinin akıl ya da tutku ile hareket etmelerinin hiçbir önem taşımayacak biçimde örgütlenmesi gerekir" (*P* i, 6). Diğer bir deyişle, devletin erdemi, ancak, bireylerin gücünü sınırlayan ve siyasal sürecin bağımsız mantıklılığını güvence altına alan bir anayasa aracılığıyla elde edilebilir. Böylesi bir anayasa, monarşik, aristokratik ya da demokratik olabilir. Ne var ki, gücün, aklın talep ettiği şekilde sınırlandırılmasının en iyi güvencesini demokrasi (ya da en azından kalıtsal imtiyazlarla engellenmeyen temsili bir yönetim) oluşturur. Ancak, güce sahip olma ve gücü aktarma prosedüründen daha önemli olan olgu, söz konusu gücün iç dağılımıdır.

Devletin gücünü tek bir kişi veya konseyde toplamak, hem hükümdarın hem de kulun bağımsızlığını azaltmak anlamına gelir. Yasaların yegâne yorumcusu olan hükümdar, yasaları değiştirme dürtüsünden yoksun iken, kul da kör bir itaat tarafından kısıtlanır. Bu yüzden, "kitlelerin kendi haklarını tek bir konseye veya kişiye aktarmalarını sağlayan sözleşmeler ya da yasalar, genel refah için uygun görüldüğü zamanlarda, şüphesiz ihlal edilmelidir" (*P* iv, 6).

Bu monarşinin ille de irrasyonel bir yönetim biçimi olduğu anlamına gelmez. Zira güç bir monarşide de uygun bir şekilde paylaşılabilir. Böylece Spinoza (Aristoteles'i izleyerek), resmi mercilerin, orada bulunmaya uygun olduklarını kanıtlamış olan yurttaşlar tarafından başarıyla doldurulduğu bir rotasyon kuralına göre kurulmuş bir sırdaşlar konseyini savunmaktadır. Hâkim gücü kullananlardan, kendi idarelerine kısıtlamalar getiren yasaları yorumlayan yegâne kişiler olma hakkını almak da önemlidir. Çünkü, "egemenlik sahibi olanlar ya da egemen gücü kullananlar, kendi gizli kapaklı işlerine hep bir meşruluk boyutu *(specie iuris)* kazandırmaya ve halkı, kendilerinin iyi nedenlerle hareket ettiklerine inandırmaya çalışırlar; yani bunlar yasaların biricik yorumcuları olduklarında rahatlıkla etkileme kabiliyetine sahip olurlar" (*T* xvii). Yasanın, yönetimin idari kolu tarafından bu şekilde "kendisine mal edilmesi" ancak yargının bağımsızlığıyla engellenebilir. Spinoza bu düşünceyi, İncil'den aldığı bir örnekle açıklar:

> Yasaların yorumlanmasının, yönetimde hiçbir hak sahibi olmayan ve tüm destekleri ile değerlendirmeleri için, kendilerine emanet edilen yasaların doğru bir şekilde yorumlanmasına bağlı olan Leviler'e (Deut. xxi, 5) verilmiş olması olgusu, İbrani kumandanların kötülük-yapma gücünü büyük ölçüde kısıtlamıştı. (*T* agy.)

Spinoza'nın, yargının bağımsızlığı hakkındaki argümanı, onun en önemli siyasal anlayışlarından biri haline gelmiş ve modern dünyanın bildiği "özgürlük anayasası"nın en eksiksiz biçimde algılanmasına ilham kaynağı olacak anayasal teorinin -Montesquieu'nun teorisinin- habercisi olmuştu.

Bazı ayrıntılar

Spinoza'nın fazlasıyla ayrıntılandırılmış olan siyasal önerileri, bir eleştirmenin talep edeceği katılık ile açıklığa her zaman sahip değildir. Yine de, burada, bu önerilerin temsili bir seçkisi sunalım.

Siyasal düşmanlar caydırılmadığı sürece hiçbir kalıcı barış sağlanamaz. Spinoza bir halk ordusunun, bu amaç için, en etkili ve en rasyonel araç olduğunu savunur. Paralı ordular, hesabına savaştıkları taraf için hiçbir kalıcı sonuç elde edemezler ve kendilerinin denetiminde olmayan bir mutabakata karşı hep vefasız olacaklardır. Hollanda tarihi, şehirlerin kendilerini, ancak yurttaşlar ortak bir kurtuluş için yaşamlarından vazgeçmeye hazır oldukları zaman, koruyabildiklerini göstermiştir. Bu yüzden, özel yaşam da olduğu kadar kamusal yaşamda da (*E* 4, 58) akıl onurlu olmayı gerektirir ki bu da gücün bir parçasıdır.

Güç bireylere değil, bu bireylerin bulundukları resmi mercilere verilmelidir. Bir resmi merci aynı zamanda tayin edilmiş bir güç ve bu tayin etme ile sınırlandırılmış bir güçtür. Aklın taleplerine baştan sona dek karşılık veren ve onu uygulayan kişinin tutkularından arındırılmış bir güç, ancak resmi mercilerin yönetimiyle yaratılabilir.

Genel Vali ve Büyükelçi'nin mercileri ile karşılıklı etki ve karşılıklı sınırlama içinde birlikte var olan Hollanda Genel Meclisi, böylesi bir resmi merci yönetiminin iyi bir örneğini ortaya koymuştur. Spinoza böyle bir yönetimin yalnızca resmiyet ve ciddiyet ile ayakta tutulabileceğine inanıyordu. Mantıklı insanlar resmi mercilerin içkin erdemini görürken, insanların büyük çoğunluğu, tamamen kişisel bir sadakât talep eden peygamberlerin ve kukla başkanların yönetimini tercih edecektir. Yalnızca resmiyet, gerçek erdemini anlayamayacağı resmi mercilere olumlu yaklaşma dürtüsünü cezbedebilir.

Devletin resmi mercilerinin yönetim ilkesi dinsel değil, laik olmalıdır. Dinsel töreleri belirleyecek nihayi güce yalnızca devlet sahiptir; bu yüzden, resmi mercilerin oluşumunu ve saygınlığını denetleyecek olan devlettir. Din dışsal değil, içsel bir koşuldur ve ancak "herkesin düşüncesinin özgür ve kısıtlamasız olduğu, her insanın vicdanının buyruğu doğrultusunda Tanrı'ya taptığı ve özgürlüğün her şeyden açık ve değerli olarak görüldüğü" (*T*, Önsöz) bir devlette gerçek biçimiyle filizlenebilir. Kurtuluşu vaat eden kehanet düzeni, dini onun dışsal koşullarına kurban ederek, aslında kurtuluşun koşullarını ortadan kaldırmakta ve böylece barışın ve mutluluğun temelini teşkil eden değerli ilkeyi yok etmektedir; bu ilke, gerçeğe gösterilen saygıdır. Tanrı'nın yeryüzündeki temsilcisi olma biçimindeki nihayi hakka sahip olan, kehanet düzeni değil, siyasal düzendir. Bu yüzden, gerçek din, ancak laik bir devlette, sağlıklı biçimde gelişebilir.

7. Spinoza'nın Mirası

Spinoza'nın metafiziği ölümcül bir kusura sahiptir. Gerçekliğin bizim yeterli düşüncelerimize tekabül ettiği biçimindeki bir dayanak noktası üzerinde yükselen bu metafizik, hiç zorlanmadan, matematiğin evreni hakkında sahip olduğumuz "mutlak" görüşün aynısına doğa hakkında da sahip olabileceğimiz sonucuna ulaşmaktadır. Daha da önemlisi, ancak bir şey *causa sui* olduğu zaman dünya gerçek anlamda anlaşılabilirdir; öteki türlü, ne kadar ayrıntılı olursa olsun, bilimimiz, hiçbir şeyin varlığını açıklayamaz. Ancak bu dayanak noktası nedensizdir ve ulaşılan sonuçların yorumlanması neredeyse imkânsızdır. Spinoza'ya göre dünyanın kendinden-menkul tek bir sistem olduğu ve bu türden ancak tek bir sistemin mümkün olabildiği anlaşılıyor. Ayrıca, dünyanın kendinden-menkul iki sistem, hatta belki de sonsuz sayıda sistemler olduğu da anlaşılıyor. Töz ile nitelikler arasında yapılan ayırım bu zorluğu ortadan kaldırmak üzere tasarlanmıştır; ne var ki, bu ayırım, ancak, herhangi bir zorluğun bulunmadığı varsayımıyla anlaşılabilir; yani bir şeyin iki ya da daha fazla öze sahip olabileceği varsayımıyla.

Spinoza'nın ölümünden yüzyıl sonra, Kant, *Saf Aklın Eleştirisi* adlı yapıtını yayımlamış ve dünyaya getirilecek hiçbir tanımın, insan tecrübesine yapılan referanstan bağımsız olamayacağını savunmuştu. Bildiğimiz dünya ne bizim yaratımımız ne de perspektifimizin basit bir özeti olmamakla birlikte, bize ait olan bir bakış açısından bakılmadığı sürece, anlaşılamaz. Tecrübe tarafından dayatılan sınırları aşmak ve "saf aklın" mutlak perspektifinden bakarak dünyayı "kendi içinde olduğu gibi" anlamak üzere girişilen tüm çabalar, çelişkiyle son bulur; bu, bizim Spinoza'nın nitelikler teorisinde karşılaştığımız türden bir çelişkidir. Aklın "düşünceleri" hiçbir zaman tutarlı bir şekilde uygulanamaz ve bizler mutlak ya da "aşkın" bilginin bazı ayrıntılarına sahip olmakla birlikte, bu bilgi asla bize ait olamaz. Söz konusu ayrıntılar ahlaki yaşam ve estetik deneyimle sınırlıdır ve gerçekte ne olduğumuzu bir şekilde bizlere anlatırken, bu ayrıntılar ancak anlaşılmaz bir şekilde konuşulduğu zaman sözcüklere dönüştürülebilir.

Saf Aklın cazibesi, diye savunuyordu Kant, hiçbir zaman alt edilemez. Spinoza'nın "sonsuzluk boyutu" olarak adlandırdığı "aşkın" perspektife ulaşma arzusuyla, aklımızı sonsuz bir şekilde genişletme çabası içinde oluşumuz, rasyonel varlıklar olarak sahip olduğumuz yapının bir parçasıdır. Aklın bu şekilde sonsuz olan için yanıp tutuşması, metafiziğin tüm spekülatif hatalarının kaynağıdır. Ama bu aynı zamanda ahlaklılığın da temelidir. Aklın Düşünceleri pratik zorunluluklara dönüştürüldüklerinde, bize klavuzluk eden bir ahlak yasası sağlarlar. Akla itaat eden ahlaki varlık, kullandığı sözcüklerle beyhude bir şekilde neyi kast ettiğini, eylemleri aracılığıyla bilebilir. Eğer ahlaki bilgimizi teorilere dönüştürmek mümkün olsaydı, tüm büyük metafizikçiler arasında, dünyanın bizler için nasıl bir şey olabileceğini söyleme noktasına en fazla yaklaşan kişi Spinoza olurdu. Spinoza'nın düşüncesi, insan onurunun somut anlamının sonsuzluğuna yönelik bir izdüşümdür ve bu düşüncenin katı bir çerçeveye sahip olan harika yapısı, metafiziğin karanlık bulutları arasında aniden aydınlıkla belirmekte, ancak, anlamına ulaştığımızda, sürekli olarak gözden kaybolmaktadır. Ve eğer bu anlamı eninde sonunda yine buluyorsak, bunun nedeni, gözlerimizi tekrar kendimize çevirmemiz ve bağımlılığımız ile sonluluğumuzun gerçeğini kabul etmemizdir.

Spinoza, Tanrı'nın görkeminin, her şeyin başka türlü olabileceği düşüncesiyle ortadan kalktığına inanmakta haklıdır. Mucizelere inanma Tanrı'ya hiçbir saygınlık kazandırmaz. Zira Tanrı neden kendisi tarafından yaratılan olaylara müdehale etme ihtiyacı hissetsin ki? Eğer onları anlayacaksak, kainatın yasaları evrensel olarak bağlayıcı olmalıdır; ve bizi sonsuza kadar kendi durumumuz hakkında cahil bırakmak Tanrı'nın isteği olmuş olamaz. Spinoza ayrıca, gerçeğin, son tahlilde, bizim biricik dayanağımız olduğu ve başka herhangi bir standarta göre yaşamanın koşullara kurban olma anlamına geleceği inancına sahip olmakta da haklıdır. Her rasyonel varlığa, gerçeği yanlıştan ayırma, kanıtı tartma ve dünya ile yanılgısız bir şekilde yüzleşme kapasitesi aşılanmıştır. Onurumuz bu kapasitede yatar ve bizler kendimizi gerçeğe adamakla ivedi kaygılarımızdan sıyrılmakta, dünyayı görülmesi gerektiği gibi, yani süreklilik boyutu altında görmekteyiz. Bizi bu kadar sık rahatsız etse bile, gerçek bir moda haline gelemez. Gerçekle yüzleşirken yaşadığımız ilk şokun etkisiyle, geriye çekilmeyi, bize bu gerçeği ifade eden kişiyi susturmayı, bize hayallerimizdeki gibi bir dünyayı vaat eden o "kehanet düzeni"ne sığınmayı ve böylece boş bir zafere doğru yol almayı isteyebiliriz. Bize hiçbir özel yer sunmayan bir dünyanın şok ediciliğinin bize açıkça itiraf edildiği siyasal bir düzen, nadir bir başarıdır. Yine de, eğer onurumuzu koruyacaksak, tüm insanların "adalet ve hayırseverlikle Tanrı'ya taptıklarını" sağlayan böylesi bir düzen için çalışmalıyız.

Yaşadığımız çağ, Spinoza'nın çağından çok daha fazla, bilimsel teorinin hakimiyeti altına girmiştir; fakat, çağımızın daha fazla gerçeğin klavuzluğu altında olduğuna bizi yalnızca aşırı bir yanılgı ikna etmektedir. Çünkü biz, batıl inançların, Spinoza'yı şaşırtabilecek bir ölçekte zafere ulaştığını gördük ve bu zaferi olanaklı kılan şey, batıl inançların, bilimin örtüsü altında gizlenmesinden başka bir şey değildir. Günümüzün "kehanet düzenleri" dinin ilan edilmiş düşmanları haline gelmişse, bir Spinoza uzmanı için, bu yalnızca söz konusu düzenlerin batıl niteliğini ve aynı zamanda, Spinoza'nın, bilimsel objektiflik ile kutsal inancın entelektüel özgürlüğün biçimleri oldukları şeklindeki anlayışını teyit eder. Tıpkı Pascal gibi, Spinoza da, yeni bilimin kaçınılmaz olarak dünyayı "değersizleştirmek" zorunda olduğunu görmüştü. Gerçeği kendimiz için bir standart olarak kabul etmekle, bizler onların mucizevi, ilahi ve kutsal antik kerpiçlerinin peşine düşmüş oluyoruz. Ne var ki, tehlike, bizim bu standardı takip etmemizde değildir; çünkü başka bir standardımız yoktur. Asıl tehlike, bizim bu standardı, inancımızı kazanacak ölçüde değil, kaybedecek ölçüde izlememizdir. Dünyayı yararlı batıl inançlardan kurtarıyoruz, ama dünyayı parçalı bir şekilde görmeye devam ediyoruz. Dünyanın anlamsızlığı altında iki büklüm olan bizler, yeni ve daha az yararlı olan yanılgılara boyun eğiyoruz; yani, inancın yitirilmesinden doğan ve kendi nesneleri olarak, Tanrı yerine, insanı kabul ettikleri için çok daha tehlikeli olan batıl inançlara sarılıyoruz.

Çıkar yol, diye hatırlatır bize Spinoza, bilim-öncesi dünya görüşüne geri çekilmek değil, tersine inanç yitirme yolunda daha da ileriye gitmektir; hem eski hem de yeni batıl inançları kaybettiğimizde, en sonunda gerçeğin kendisinde bir anlam keşfederiz. Tam da dünyayı değersizleştiren sürecin kendisiyle, yeni bir değere ulaşma, Tanrı'yı her şeyin içinde görme ve onun eserlerini bizzatihi onları keşfetme eylemi aracılığıyla sevme noktasına geliriz.

Spinoza'nın entelektüel çağdaşları için, böylesi bir "inanç yitirme dini", kolayca kabul edilemeyecek kadar büyük bir meydan okuma anlamına geliyordu. Bu yüzden Spinoza dinsiz ve ateist olmakla suçlanmıştır. Spinoza ise, "Tanrı'nın en yüce iyilik olarak değerlendirilmesi ve böylece özgür bir akıl ile sevilmesi gerektiğini savunan birinin, dinden kopup kopmadığını" (*C* XLIII) sorarak, zaman zaman kendisini bu suçlamalara karşı savunmaya çalışmıştır. Fakat bu, "Entelektüel Tanrı sevgisi", diye soruyordu Leibniz. "İnsanlar için bir tuzak değil de nedir?" "Her şeyi tercih olmaksızın, iyilik ile kötülük arasında herhangi bir fark gözetmeksizin, zorunlu bir şekilde yapan bir Tanrı'da", diye ekliyordu Leibniz. "Sevilebilecek hiçbir şey yoktur."

Spinoza'nın şöhreti, çağdaşlarının kendilerini onun argümanlarından korumak üzere kullandıkları sansürün varlığını sürdürmüştür. Ancak bu şöhret çok kısa bir süre sonra, Leibnizci sistemin Almanya'daki yükselişi ile, Locke, Berkeley ve Hume'un ampirizminin İngiltere'de ortaya çıkmasıyla gölgelenmiştir. Bayle'in 1697 yılında yayımlanan *Dictionary* adlı eserindeki önyargılı giriş, işlenmiş amatöre uygun bir sterotip sağlamıştır. Bilgili bir Fransız Protestanı olan Pierre Bayle, Hollanda'da sürgünde yaşarken, Spinoza'nın bazı taraftarlarıyla ilişki kurmuştu. Bayle, hoşgörünün ateşli bir savunucusu olmasına rağmen, Spinoza'yı "sistematik bir ateist" olarak suçlamış ve filozofun yaşamı ile düşünceleri hakkında, uzunca bir süre kesin olarak değerlendirilen ve daha sonra *Encyclopédie*'nin yazarları tarafından yeniden yazılan kabataslak bir bilgi sağlamıştı. Spinoza'nın yıldızı düşüyor ve bir kez daha yükseliyordu; ama yalnızca romantizmin görkemli alacakaranlığında. Spinoza, şair Novalis ile teolog Schleiermacher için, aniden kinik ve ateist niteliğini yitirerek, bunun yerine, inançlı bir dindar ve kurduğu sistemde inancın gerçek örneğine doğrudan rastlanılan, tanrı-sevdalısı bir filozof modeli haline gelmişti.

Kant'ın iki çağdaşı -Jacobi ve Moses Mendelssohn- Spinoza'nın sistemi hakkında yazışmış ve Jacobi mektuplarını bir kitap olarak yayımlamıştı. Büyük ölçüde dünyanın tekliği ve Tanrı'nın her yerde hazır ve nazır oluşu üzerine yapılan romantik ve mistik spekülasyonlardan oluşan bu yazışmalar sonucu cereyan eden tartışmanın düzeyi Spinoza'yı pek de memnun etmezdi. Yine de, Spinoza üzerine uzun saatler çalışan ve Tanrı'yı seven herhangi birinin, Tanrı'nın da buna karşılık onu sevmesini sağlamaya çalışamayacağı düşüncesinin (*E* 5, 19) kendi üzerinde bıraktığı derin etki hakkında yazan Herder çok daha adil davranmıştı. Aynı çekici önerme, kendi otobiyografisinin güzel bir sayfasında, Goethe tarafından da dile getirilmiştir. Şu farkla ki, kutsal soyutlama, nefes kesen ve yürek titreten şiirsel bir ana dönüştürülmüştür:

> Ne harika bir sözcedir o; "Tanrı'yı seven herhangi biri, Tanrı'nın da buna karşılık onu sevmesini sağlamaya çalışamaz", dayandığı tüm önceki cümlelerle birlikte, kaynaklık ettiği tüm sonraki cümlelerle birlikte, benliğimi sarıp sarmalayan bir sözce. Hiçbir şeyde bencil olmamak, sevgide ve dostlukta en yüce cömertliğe sahip olmak, benim en büyük arzum, özdeyişim ve ilkemdi ve o kaba deyim -"eğer seni seversem, bu senin için ne anlama gelir?"- benim tarafımdan doğruca yüreğime söylenmişti.

Goethe, Spinoza'nın dingin ve soyut tarzının, kendi azgın tutkularını, Spinoza'nın güçlü sözcesini doğrulamak üzere sunulan sayfaların en mutsuz okuyucusu olacak ölçüde acımasızca tasnif ettiğini de sözlerine eklemiştir. Buna rağmen, Bayle'in *Dictionary*'sindeki makaleyi kınayan ve Spinoza'nın başarılarının ilki olarak, Tanrı adına batıl inançlara yöneltilen saldırıyı sürdürerek, Spinoza adına en büyük hizmeti sağlayan kişi yine de Goethe olmuştur.

Filozof Spinoza'nın gerçek renkleri Schelling ile *Hegel*'in çalışmaları içinde ortaya çıktı. *Hegel*'in sisteminde, *Ethika*'nın temel argümanları, gerçekten de sahiplenilip dönüştürülmüşlerdir. Tek töz teorisi Mutlak Düşünce, yani, doğanın, ruhun, sanatın ve tarihin nitelikleri aracılığıyla keşfedilen tek ve bağımsız bir varlık haline gelmiştir. Yeterli düşünceler teorisi diyalektiğe dönüşmüştür; buna göre, bilgi, kavramın muğlak ve "soyut" bir şekilde "konumlanmasından" yola çıkarak, mümkün olabilen en tam ve en "mutlak" dünya anlayışına doğru ilerleyen ilerici gelişmedir. *Conatus* teorisi, ruhun birbirini izleyen "objektifleşmeleri" aracılığıyla ulaşılan "öz-kav- rayış" haline gelmiştir; siyasal düzen teorisi, özgürlüğün hayata geçmesi anlamına gelen devlet teorisine ve "aklın dünyadaki yürüyüşü"ne dönüşmüştür. *Hegel*'in bu muhteşem küstahlığı, bu Spinozacı anlayışları, onların yadsıdığı bir düşünce ile birleştirmiş olmasından kaynaklanır; bu düşünce, tarih tarafından belirlenen özne düşüncesi ile öz-kavrayış süreci aynı zamanda, var olan her şeyin gerçekliğini ve anlamını ifade eden sınırlandırılmış kısmi bir dünya görüşüdür. Kendi başarısını, adını bir yazar olarak yazmaktan kaçınarak çalımlı bir şekilde ortaya koyan *Hegel*, söz konusu dönüşümü tipik terimlerle özetlemiştir:

> Spinoza'ya karşıt olarak, şunu bir kez daha belirtmekte fayda var; düşünce aracılığıyla kendisine bir "ego" (yani özgür bir özne...) "oluşturan" düşüncedeki akıl tözden doğmuştur ve bu düşünceyi aklın mutlak bir karekteristiği olarak sunan felsefe, Spinozacılık'tan doğmuştur. (*Encyc.* Bölüm 415)

Hegel'in felsefesi Alman romantizminin doruk noktasıydı, ama aynı zamanda onun sonunun öz-bilinçli ilanıydı. Tuhaf bir rastlantı sonucu, *Hegel*'in Marksçı ters dönüştürülüşü (yani "*Hegel*'in ayakları üzerine oturtulması"), "akıl bedenin düşüncesidir" deyimi bir zamanlar Marks ile Engels'in "yaşam bilinci belirler, bilinç yaşamı değil" (Alman İdeolojisi) biçimindeki deyimiyle kıyaslanan Spinoza'nın da aynı ölçüde lehine oldu. Marksistler,

Spinoza'nın akıl teorisinde, Marks'ta gördükleri "diyalektik materyalizmin" bir önsezisini bulmaya ve Spinoza'nın epistemolojisini proto-Marksçı bir ideoloji teorisi olarak yorumlamaya başlamışlardı.

Spinoza bilim hakkındaki yanlış iddialarından, dönüştürülmüş bir insan doğasına olan batıl inançlarından ve insanların uzlaşma ile yasaların kurumlarından bağımsız olarak yaşayacakları yeni bir kehanet düzenini savunmasından ötürü, muhtemelen Marksizmden uzak dururdu. Ne var ki, Marksistlerin de dediği gibi, Spinoza'nın felsefesinin, insanın çabalarını onun maddi koşullarından bağımsız olarak görmeyen ve bu çabalara çok yönlü doğal yasaların yön verdiğine inanan kâhin bir ateistin düşüncesi ile böylesine direk bir paralellik içine girmesi "hiç de rastlantı değildi." Ha keza, Spinoza'nın, ateizmin diğer yanlış peygamberi olan ve gerçeğin bizim ona yönelik yaklaşımımızdan koparılabileceği biçimindeki Spinozacı görüşten nefret eden Nietzsche'nin onca yoğun saldırılarına davetiye çıkarmış olması da bir rastlantı değildir:

> Hepsi [filozoflar] sanki gerçek fikirlerini, soğuk, saf ve kutsal biçimde duyarsız olan bir diyalektiğin öz-evrimi aracılığıyla keşfederek elde etmiş gibi hareket ediyor... oysa genelde onların yüreklerinde soyutlanmış ve rafine edilmiş önyargılı bir önerme, düşünce ya da "öneri", onlar tarafından, aslında olayın kendisinden sonra aranan argüman aracılığıyla savunulmaktadır... [böylece] Spinoza'nın kendi felsefesini zırha ve maskeye büründürürken kullandığı matematiksel hokus-pokus -terimi adil ve açık bir şekilde çevirmek gerekirse, "onun bilgeliğinin sevgisi"- o yenilmez bakireye, o Pallas Athene'ye bir bakış fırlatma cesaretinde bulunan saldırganın kalbine ani bir darbe indirmeye yaramak-

tadır:-bu hasta münzevinin maskesi ne büyük bir kişisel ürkekliği ve zayıflığı ele veriyor!

(İyinin ve Kötünün Ötesinde 1, 5)

Spinoza'nın sisteminin zayıflıkları ne olursa olsun, söylediği bunca şeyle Spinoza'nın argümanlarını anlaması durumunda, ona katılacak olan birinin şimşeklerini bu kadar üzerine çeken bir filozofun bütünüyle yanılmış olamayacağını düşünmemek elde değil.

Ek Sözlük

Aşağıdaki ek sözlük, çoğu mevcut İngilizce baskılarda çelişkili biçimde çevrilmiş olan temel terimler için bir klavuz olarak sunulmuştur.

affectio: duygu, yani insanın aynı zamanda *passio*'su olan "duygulanım" (bkz. *passio*).

affectus: "dürtü", dışsal koşullar tarafından yaratılan bir şeyin durumu. Zihinsel olgulardan söz edildiğinde ise duygu anlamına gelmektedir. Spinoza'nın "*affectio*" ile "*affectus*" terimlerini eş anlamlı terimler olarak kullanıp kullanmadığı konusunda ciddi bir belirsizlik söz konusudur.

amor intellectualis Dei: entelektüel Tanrı sevgisi.

attributum: nitelik (*E* 1, Tanım 4'te tanımlanan ve Aristotelesçi mantıktaki "nitelik" teriminin alışılmış anlamından farklı olarak ele alınması gereken teknik bir terim).

causa sui: nedeni kendinde olan (*E* 1, Tanım 1'de tartışmalı bir şekilde tanımlanmıştır).

civitas: sivil toplum, örneğin bir *respublica* içinde örgütlenen, ama ondan ayrı olan bir toplum (bkz. *respublica*).

cognito: idrak (bazı çevirmenler tarafından, "bilgi" olarak çevrilen bu kavram, "yanlış bilgi" türünden tuhaf tabirlere yol açmaktadır).

conatus: tercüme edilmemiş (bazı çevirmenler tarafından "çaba" veya "uğraşma" sözcükleriyle karşılanmaktadır).

corpus: maddi nesne -kelime anlamı "beden".

formaliter: "biçimsel olarak", yani bir şeyin gerçek özü ile ilgisi olan (bkz. objective).

idea: düşünce. "Anlayış", "önerme", "görüş" gibi sözcüklerin modern anlamlarının yanı sıra, her türlü zihinsel olgu anlayışını da kapsamaktadır.

ideatum: tercüme edilmemiş -verili bir düşünceye "denk düşen" genişletilmiş bir olgu. Bazı çevirmenler "amaç" sözcüğünü, bazıları ise "ideal" sözcüğünü kullanmaktadır. Her iki sözcük de yanıltıcıdır (bkz. objective).

imperium: egemenlik. Bazı çevirmenler bu sözcüğü "hakimiyet" veya "iktidar" sözcükleriyle karşılamaktadır.

modus: görünüm, *E* 1, Tanım 5'te tanımlanan teknik bir terim.

motus et quies: devinim ve hareketsizlik -fizik yasalarında ifade edilen sonsuz görünüm.

objective: "nesnel bir şekilde", yani, akıl içinde *formaliter*'e zıt olarak algılanan bir şeyin temsili ile ilgili olan, o şeyin temel gerçekliği ile ilgili olan.

objectum: nesne (bir düşünceye, bir duyguya tekabül eden nesne), yani, akılda, *ideatum*'a zıt olarak temsil edilen, maddi gerçeklik içindeki düşünceye tekabül eden.

passio: tutku, örneğin, aklın veya bedenin, bizi "pasif" hale getiren durumu.

quatenus: şu kadar ki. Aşılmaz engelleri aşılabilir engeller olarak temsil etmek üzere kullanılan teknik bir terim. (Bkz. 4. Bölüm, kısım 4.)

respublica: devlet, yani, örgütlenmiş bir *imperium* sistemi. (*civitas* ile respublica arasındaki ayırım, *Hegel* tarafından sivil toplum ile devlet arasında yapılan ayırım önceden tasarlanmış halidir -kendi çevirim.)

scientia intuitiva: sezgi (geçerli bir kanıtın hemen kavranıp doğru kabul edildiği zihinsel bir eylem).

substantia: töz, *E* 1, Tanım 3'te tanımlanan en önemli teknik terimlerden biri.

sub specie aeternitatis: sonsuzluk boyutu altında.

sub specie durationis: zaman (veya süre) boyutu altında.

Spinoza'nın terminolojisi hakkında daha fazla bilgi için, E. Curley'in Spinoza'nın çalışmalarını derlediği eserinin (bir sonraki sayfada belirtilmektedir) Ek Sözlük-Dizin bölümüne ve E. Giancotti Boscherini'nin *Lexicon* Spinozanum (Lahey, 1970) adlı eserine bakınız.

Ek Okuma

Spinoza'nın yazmaları

Spinoza'nın çalışmalarının birkaç tane İngilizce versiyonu bulunmaktadır. Bunlardan en kolayca ulaşılabileni, R. H. M. Elwes'ın çalışmasıdır (genişletilmiş baskı, Londra, 1903, 1955 yılında Dover Publications tarafından yeniden basıldı). Bu çalışma *Ethika*'yı, üç incelemeyi ve Spinoza'nın yazışmalarından yapılmış bir seçkiyi içermektedir. Çalışmanın sistematik olmayan çevirisi bir hayli de yanıltıcıdır. Daha sistematik ama aynı ölçüde yanıltıcı olan bir çalışma da, *Ethika* ile *Aklın Islahı Üzerine İncelemeler*'in Everyman'dan çıkan baskısıdır (çev. Andrew Boyle, Londra, 1910, 1977'de yeniden basıldı).

Yazışmalar'ın tam ve bilgi verici bir baskısı A. Wolf tarafından yayıma hazırlanmıştır (Londra, 1928, 1966'da yeniden çıktı). Bu çalışma muhtemelen Spinoza'nın felsefesine en iyi giriş çalışmalarından biridir. Ben de Spinoza'nın mektuplarından söz ederken, Wolf tarafından yapılan numaralandırmayı kullandım. Aynı editör, *Tanrı, İnsan ve İnsanın Refahı Üzerine Kısa Bir İnceleme*'nin ciddi bir baskısını da hazırlamıştır (Londra, 1910). Metin içindeki referanslar, aynı zamanda Spinoza'nın kabul edilebilir bir biyografisini de içeren bu baskıya yapılmıştır.

Kartezyen Felsefenin İlkeleri ile *Metafizik Düşünceler,* Open Court publishers tarafından yayımlanan bir ciltte toplanmıştır (çev. Halbert Hains Britan, 1905, 1974'te yeniden basıldı).

Tractatus Theologico-Politicus'un bir bölümü ile *Tractatus Politicus*'un günümüze ulaşabilen bölümlerinin ciddi bir baskısı, Spinoza, The Political Works, Oxford, 1958 başlığıyla A. G. Wernham tarafından yayıma hazırlanmıştır. Yararlı bir girişi de içeren bu çalışma, Latince metni İngilizce çevirisiyle birlikte vermektedir.

Günümüzde, *Ethika*, *Aklın Islahı Üzerine İncelemeler, Tanrı, İnsan ve İnsanın Refahı Üzerine Kısa Bir İnceleme,* Descartes'ın *Felsefe İlkeleri ve Metafizik Düşünceler* ile Spinoza'nın bu çalışmaları yazdığı dönemlerdeki mektuplarını içeren pahalı ama oldukça etkileyici bir şekilde hazırlanan bir eser de bulunmaktadır. Bu çalışma Edwin Curley tarafından çevrilip yayıma hazırlanmıştır (Princeton, 1985). Söz konusu çalışmanın ikinci bir cildi, geri kalan mektupları ve politik çalışmaları içerecektir. Curley'in eserinin, İngilizce okurlar için eksiksiz bir metin olacağı beklenmektedir.

Spinoza üzerine yazmalar

Spinoza'nın -Colerus ve Meyer tarafından hazırlanan- ilk biyografileri ilginç bir okuma olabilir. İngilizcedeki en iyi Spinoza biyografisi, muhtemelen Sir Frederick Pollock'ın Spinoza: *His Life and Philosophy* (Londra, 1880, ikinci baskı 1912) adlı çalışmasında bulunmaktadır.

Spinoza'nın, metafiziğini önemli ölçüde kabul eden bir felsefeci için ne ifade ettiğini göstermesi bakımından, John Caird'in (Edinburgh ve Londra, 1888) çalışması, pek çok açıdan daha eski yorumlar arasındaki en öğretici çalışmadır. Yine yararlı -ama zamanı bir hayli geçmiş- olan bir diğer çalışma da Harry Austyn Wolfson tarafından yapılan *The Philosophy of Spinoza* adlı incelemedir (Cambridge, Mass., 2 cilt, 1934, 1983'te tek cilt olarak yeniden yayımlandı).

Bayle'in *Dictionary*'sinde Spinoza üzerine yazılan maddenin kısaltılmış bir versiyonu, E. A. Beller ve M. du P. Lee Jr'ın (editörler) *Selections from Bayle's Dictionary* (Princeton, 1952) adlı eserinde bulunabilir.

Sir Stuart Hampshire tarafından yapılan çalışma (Penguin Books, 1951, 1981'de yeniden basıldı), daha modern yorumlar arasındaki en özlü ve takdire şayan çalışmalardan biri olmaya devam etmekle birlikte, Jonathan Bennett tarafından yapılan yeni bir çalışma (*A Study of Spinoza's Ethics,* Cambridge, 1984), Spinoza'nın argümanlarına analitik yöntemin uygulandığı yararlı bir eser ortaya çıkarmıştır.

Ayrıca denemeleri içeren bazı faydalı seçkiler de bulunmaktadır ki bunların en iyileri şunlardır; S. Paul Kashap, Studies in Spinoza: *Critical and Interpretive Essays* (Berkeley, 1972), Marjorie Grene, Spinoza, a Collection of Critical Essays (Notre Dame, Indiana, 1973) ve Robert W. Shahan ile J. Biro, Spinoza: *New Perspectives* (Norman, Oklahoma, 1978).

Thomas Carson Mark'ın, elinizdeki kitabın 4. Bölümü'nde söz edilen "*Spinozacı Nitelikler*" adlı çalışması *Philosophia* 7'de bulunmaktadır (1977). Aynı yazarın Spinoza's *Theory of Truth* (Columbia University Press, 1972) adlı eseri, Spinoza'nın epistemolojisi bağlamında en zor noktalarda yapılan yararlı bir katkıyı teşkil eder ki, aynı konu G. H. R. Parkinson'ın Spinoza's *Theory of Knowledge* (Oxford, Clarendon Press, 1954, 1964'te yeniden basıldı) adlı eserinde de ele alınmaktadır.

Politik felsefe hakkında ise, en kolay ulaşılabilen yorumlardan biri, Robert J. McShea'nın çalışmasıdır *(The Political Philosophy of Spinoza,* New York & Londra, 1968).

Dizin

acı, 89
açık ve ayrık düşünceler, 38, 44, 46, 52, 75, 83
adalet, 114, 115
aforoz, 16, 17
ahlak, 34, 84-6
ahlaklılık, 96-101, 122
akıl ve beden, 55, 64, 67, 68, 69, 73
aklın ıslahı, 77-80
aktif ve pasif, 87-90
alçakgönüllülük, 96
Alexander, Samuel, 101
algı, 76-78, 95
alın yazısı, 12
ampirizm, 46, 65
anayasa, 115, 117
Anselm, St, 32
Aquinas, St Thomas, 91
aristokrasi, 117
Aristoteles, 9, 25, 30-34, 35, 77, 86
Arminius, 12
arzu, 72

Bacon, Sir Francis, 31
barış, 107, 108, 109, 111, 115, 119
Bayle, Pierre, 16, 125-126, 137
batıl inanç, 123, 124, 126
Beller, E. A., 137
Bennett, Jonathan, 137
Berkeley, Piskopos, 125
biçimsel, 79, 132
bilim, 31-2, 37, 54-55, 59, 61-62, 124
bilinçaltı, 94, 95
bireyler, 60, 63, 69
Biro, J., 137
Boethius, 97
Boyle, Andrew, 135
Britan, H. H., 135

Caird, J., 136
Calvin, John, 105
Charles, İngiltere Kralı II., 21
cinsellik, 26, 92
cogito, 37, 83
Colerus, J., 24-25, 136
Collegiyanlar, 15, 18
conatus, 69-73, 81, 89, 113, 114, 115, 116, 127, 132

Condé Prensi, 121
Curley, E., 136

Da Costa, Uriel, 14
demokrasi, 112, 117
Descartes, 15, 18, 29, 33, 37-40, 42, 43, 50, 55, 70, 75, 79, 83, 91
De Vries, Simon, 20, 42
De Witt, Jan, 19-22
deneyimin öznesi, 83-84, 126-127
Denizcilik Anlaşması, 19
devam süresi, 78-82, 101-102
devinim ve hareketsizlik, 49, 61, 132
devlet, 105, 110-112
"-diği sürece", 70, 80, 87, 97, 103
din, 106-109, 119-120
doğa, 58-59
doğal yasa, 35-36, 112-114
"doğal ışık", 38
doğal hak, 112-113
doğal durum, 113
duygu, 43, 90-92, 131
düşünce, 38, 56, 63, 67, 73-80, 96, 132
düşünce tarihi, 30

egemenlik, 114, 132
Einstein, Albert, 61
Eliot, T. S., 102
Elwes, R. H. M., 135
Encyclopédie, 125
enerji, 61-62
Engels, Frederick, 127
engizisyon, 10
enkarnasyon, 107
entelektüel Tanrı sevgisi, 100, 106, 125, 131
Euclid, 39, 51, 66
evlilik, 26
evrenin bütün çehresi, 49
evrensel nosyonlar, 78

Ferdinand, Aragonlu II., İspanya Kralı, 10
Freud, Sigmund, 94, 96

Galileo Galilei, 31
genel kanılar, 94-96
geometri, 40, 65
gerçek, felsefenin amacı olan, 9, 28, 122-123
gerçeğin alametleri, 75-76
Goethe, J. W. von, 62, 126-127
görünüm, 48-49, 132
Grene, Marjorie, 137
Grotius, Hugo, 12, 30, 35-36, 104, 112, 113
güç, 79-90, 94, 101-102, 112-114, 117, 119

haklar ve iktidarlar, 113
Hampshire, Sir Stuart, 94, 137
Hegel, G. W. F., 126, 127
Herder, J. G., 126
Hobbes, Thomas, 30, 35-37, 91, 104, 105, 112, 113
Hollanda Cumhuriyeti, 10-24, 35, 104-105, 119

Hıristiyanlık, 10, 14, 15, 33, 97, 106
Hudde, Johan, 19
hukuki bağımsızlık, 118
Hume, David, 125
Huygens, Christian, 19

ibadet, 107-108, 123
İbni Rüşt, 29
"içinde", 44, 45-46, 49, 53
ideatum, 67, 69, 74-75, 96, 132
idrak, 78-80, 131
idrak düzeyleri, 77-80, 99, 106
ifade özgürlüğü, 110-111, 115-116
ihtiyaç, 99
inancı yitirme, 124
insan, 63-83
insanbiçimcilik, 107
insan dünyası, 69
intihar, 72-73
irade, 72
İslamiyet, 90-33
İtirazcılar, 12-15
iyilik ve kötülük, 85, 87
Isabella, İspanya Kraliçesi Kastilyalı, 10

Jacobi, F. H., 125
Jelles, 26

Kabbala, 29
kahkaha, 40
Kalvinizm, 12-13, 105
Karl Ludwig, Seçmen Palatin, 22
Kant, I., 33, 84, 121-122, 125
Kashap, S. P., 137
kasıtlılık, 95
kehanet düzeni, 111-112, 119-120, 123, 128
kendi, 83, 95, 126-127
kıskançlık, 96, 17, 92
Kilise Meclisi, Dort'daki, 12
kilise ve devlet, 108, 119-120
kötülük sorunu, 85
Kraliyet Cemiyeti, 18
Kutsal Kitap, 107

Latince, 15, 27, 29, 37, 42
Lee, M. Du P., 137
Leibniz, G. W., 23, 33, 53, 125
Locke, John, 125
Louis, Fransa Kralı XIV., 21, 22
Lucas, J. M., 25, 26

madde, 60-61
Makyavelli, Niccolò, 105
McShea, R.J., 137
Maimonides, Moses, 10, 29, 41-42, 47, 54, 86
malzeme, 31-32, 60
Manasseh ben Israel, 14
mantık, 41
Mark, Thomas Carson, 66, 137
Marks, Karl, 127
marrano, 10
matematik, 65-66
Maurice, Orange Prensi, 12
Mendelssohn, Moses, 125
Mennonitler, 15
merhamet, 91, 96
Meyer, L., 18, 26, 136

monarşi, 117-118
Morteira, Saul, 14
Montesquieu, Charles, Baron, 118
mucizeler, 123
Murray, David, 5
mutlak dünya anlayışı, 84, 121, 127
mutluluk, 34, 64, 86
Münster Barışı, 11
müstehcenlik, 92
müzik, 68-69

natura naturans, 59
natura naturata, 59, 74
nedensellik, 45-46, 58, 61, 68
nedeni kendinde olan, 47, 121, 131
nefret, 92, 96
neo-Platonculuk, 97
nesne, 76, 132
Newton, Sir Isaac, 61
Nietzsche, F. W., 96, 127, 128
nitelik, 47-51, 54-57, 64-69, 75-76, 121,131
North, Joanna, 5
Novalis, 58, 62, 125

objektif, 68, 132
olabilirlik, 98-99
olasılık, 98
Oldenburg, Henry, 18
ontolojik veri, 32-33, 44, 52-54
onur, 97, 104
ölüm, 100
ölümsüzlük, 101-102
öz, 31, 52, 54-55, 70, 85, 92
öz-yeterlilik, 97
öz-bilinç, 83
özgürlük, 34, 43, 59, 64, 81-82, 83-103, 115-118, 109-111

Parkinson, G. H. R., 137
Pascal, Blaise, 124
Planck, Max, 61
Platon, 35, 72, 97, 101, 102
politika, 104, 121
Pollock, Sir Frederick, 11, 136
Prynne, William, 14

rasyonalizm, 45-47, 52-53, 65-66, 75-76
rasyonellik, 34-35, 84-85
Reform, 11
resmi merciler, 117, 118, 119
retorik, 109-111

sayı, 53, 55-57, 62, 65
sayılabilir adlar, 31-32, 70-72
Schelling, F. W. J. von, 126
Schleiermacher, F. D. E., 125
Schuller, G. H., 24, 26
sevgi, 92, 104, 106, 126
sezgi, 78-79, 133
Shahan, R. W., 137
sivil itaatsizlik, 110, 115, 116
sivil toplum, 115, 116, 131
siyasal düzen, 111-112, 118-120, 123
skoslastizm, 31-34

sonsuzluk, 56-57, 59, 80-82, 101-103
sonsuz görünümler, 49, 54, 59
Spinoza, Michael, 14, 15
Spinoza, Rebekah, 15, 16
sub specie aeternitatis, 59, 80-82, 83, 101-103, 133

şans, 49

tanımlar, 42, 89, 91-92
Tanrı, 44-62, 107, 123-124
Tanrı veya Doğa, 57-60
tasavvur etme, 41, 72-78, 99, 106, 107
temsili hükümet, 117
teoloji, 9-10, 32, 44-62
toplum sözleşmesi, 110, 113
töz, 31, 43, 46, 47-51, 53, 57-60, 65, 121-122, 133
Tschirnhaus, E. W. von, 23, 56
tutku, 87, 90-92, 132
tutkuların ıslahı, 93-96

uluslararası hukuk, 35
Utrecht Birliği, 11, 12, 105
uzam, 50-52, 54-56, 65, 74-75
uzay, 62

Üçlü İttifak, 1668'deki, 21

Van den Enden, Clara, 26
Van den Enden, Frances, 15, 26
Van der Spyck, 21, 24

Wernham, A. G., 136
William, Orange Prensi I., 10, 11
Wolf, A., 135
Wolfson, H. A., 137

Yahudilik, 9, 14, 16, 29, 33
yanlışlık, 76-78
yasa, 111, 118
yeterli düşünceler, 47, 54, 59-60, 66, 78-79, 87-88, 97-98, 121-122

zaman, 59, 62, 81-82, 100-102
zevk, 89